Martina Güldemann
Otto Künnemann

Also, morgen halb acht, bei Blumen-Hanisch!

Geschichten und Anekdoten aus dem alten Leipzig

Wartberg Verlag

Impressum

Für Informationen und Schilderungen ihrer Jugenderinnerungen danken wir sehr herzlich Frau Ruth Doberrentz, Frau Ilse Herrmann, Frau Traude Naumann, Herrn Klaus Kröber und Herrn Rolf Kirbach.

Die Autoren

Titel: Augustusplatz 1936, Blick zur Grimmaischen Straße in Richtung Blumen-Hanisch.
Rückseite: Kaffeehaus Felsche und Paulinerkirche.

Fotonachweis:	Archiv Güldemann	
	Archiv Künnemann	
	Klaus Kröber	S.40
	Traude Naumann	S.42
	Michael Weiß	S.49

9. Auflage 2016

Layout: Attila Jo Ebersbach, Kassel
Druck: Hoehl-Druck Medien+Service GmbH, Bad Hersfeld
Buchbinderische Verarbeitung: Buchbinderei S.R. Büge, Celle

34281 Gudensberg-Gleichen, Im Wiesental 1
Telefon (0 56 03) 9 30 50
www.wartberg-verlag.de
ISBN 978-3-8313-1426-3

Inhaltsverzeichnis

Vorwort

„Also, morgen halb acht, bei Blumen-Hanisch!". Diesen Satz hat wohl jeder ältere Leipziger schon einmal gebraucht, auch wenn die Uhrzeit beliebig austauschbar ist. Hier war der Treffpunkt, um gemeinsam „in die Stadt" zu gehen. Blumen-Hanisch gibt es schon lange nicht mehr am Augustusplatz an der Ecke zur Grimmaischen Straße, aber seien Sie mal ehrlich, wie oft treffen Sie sich noch mit ihrer besten Freundin oder ihrem alten Kumpel dort ...

Das war für uns Anlass, diesem Buch, das voller kleiner Begebenheiten steckt, eben diesen Titel zu geben. Episoden des vergangenen, des 20. Jahrhunderts, die Geschichte widerspiegeln, die den Zeitgeist dokumentieren und die für viele lebensbestimmend waren.

Sie alle lassen den Geist unserer Stadt Leipzig spüren und das Gemeinschaftsgefühl für vergangene Dinge in vergangenen Zeiten wieder aufleben.

Hatten Sie zum Beispiel auch den ersten Kuss im Forsthaus Raschwitz? Oder haben Sie auch geweint, als im März 1991 die Bodega schließen musste? Führten Ihre Wandertage auch immer an den Stausee? Oder waren Sie vielleicht auch einer der fleißigen Schnee-Schipper, die 1965 die 800-Jahre-Jubiläumsmesse retteten? Selbst wenn Sie jetzt keine der vier Fragen mit Ja beantworten können, hoffen wir doch, dass Sie viel Spaß an diesem Büchlein haben werden.

In diesem Sinne: Also, morgen halb acht, bei Blumen-Hanisch!

Martina Güldemann *Otto Künnemann*

Das unmögliche Gewand

Sehr mochte ich meine Tante Anni. Eigentlich war es die Großtante, die Schwester meiner Oma. Viele Jahre hatte sie in Leipzig gewohnt, zur Untermiete in der Kantstraße. Später bekam sie eine kleine Wohnung in Grimma. Sie durfte es erleben, in geistiger Beweglichkeit 98 Jahre alt zu werden und konnte noch bis zuletzt ihren Haushalt besorgen. Eine liebenswerte, freundliche alte Dame.

Doch Anna wurde von der Familie stets geschnitten. Sie galt als Schwarzes Schaf und war von klein auf das *enfant terrible*. Ihr Fluchen im zarten Kindesalter soll erschreckend gewesen sein. Und sie erzählte mir, dass ihr mit 13 Jahren zum ersten Mal im Leben ganz fürchterlich übel gewesen sei. Damals hatte sie eine von den dicken Zigarren ihres Vaters geraucht. Als Mädchen, im Jahre 1905, ein Eklat! Ihren Bruder, der als Student in Frankreich weilen konnte, fragte sie in Gegenwart der Familie: „Sag mal, Paul, sind die Pariserinnen wirklich so scharf?" – So war Tante Anni.

Aber ich will ja die Geschichte vom unmöglichen Gewand erzählen. Also: Ich sah mir einmal in Grimma ihr Fotoalbum an. Ein Bild gefiel mir besonders gut, welches die jugendliche Anna in sportlichem Schick auf dem Fahrrad zeigte. Ich bat sie, es mir zu schenken. Sie hat es herausgenommen und sagte lachend: „Oh je, das unmögliche Gewand!"

Und dann erzählte sie mir, was es damit auf sich hatte. 17 Jahre war sie alt, eine junge Dame aus besserem Hause, wie man damals sagte. Für Sticken und Klavierspielen zeigte sie nicht das geforderte Interesse, aber sie schneiderte gern. Seit neuestem galt außerdem ihre Liebe dem groß in Mode gekommenen Fahrrad. Sie war der festen Meinung, ein Fahrrad bekommen zu müssen, und natürlich gehörte dazu ein „Radlerinnenkostüm".

Das hatte sie sich heimlich genäht. In der Dorotheenstraße wusste sie ein *Photographisches Atelier*, in dem es als Requisit ein feststehendes Fahrrad gab. Strahlend überraschte sie dann zu Hause die Familie mit ihrer gelungenen Ablichtung hoch zu „Stahlross". Doch leider – die erwartete Begeisterung wurde nicht ausgelöst, das ganze Gegenteil trat ein. Während sich die mütterliche Empörung in Grenzen hielt („Kind, das ist aber sehr frei!"), bekam sie vom Vater gewaltig ihr Fett weg. Vor allem gegen das obszöne, für eine junge Dame völlig unschickliche Beinkleid wurde gewettert. Hosen!!! – und die ließen ja sogar etwas die Wade sehen! Mit väterlichem Befehl „Das unmögliche Gewand kommt mir aus dem Haus!" wurde jegliche Diskussion abgeschnitten. An den Kauf eines Rades war überhaupt nicht zu denken.

Ihre gute Ausbildung, zu der auch eine kaufmännische Seite gehörte, hatte meine Tante keineswegs als Zeitvertreib angesehen, sondern sie machte zum Befremden der Familie ernsthaft Gebrauch davon. Anna ging als „Bureaukraft" arbeiten. Sie wurde eine junge berufstätige Frau. Das war zu Kaisers Zeiten noch sehr ungewöhnlich, in keiner Weise vornehm und galt sogar als anstößig. Arbeiten, in einem großen Büro – *unter lauter Männern!*

Ebenso bemerkenswert war, dass sie im Gegensatz zu ihren Geschlechts- und Altersgenossinnen die Ehe als spießig ansah. Das Thema Nr. 1 ihrer Freundinnen, der Ehemann, interessierte sie nicht, ja man unterstellte ihr Tendenzen zur skandalumwitterten „freien Liebe“. Anna hatte mehrere Bekanntschaften mit jungen Männern, was ihren recht bedenklichen Ruf förderte. Gern glaubte ich ihr, dass alles ziemlich harmlos war. Dann aber, im April 1914, hatte es sie voll erwischt. Arthur hieß er und muss schlechthin die Krönung der Spezies Mann gewesen sein. Er war in leitender Stellung in

Annas Arbeitsplatz, das Geschäftshaus Franz Ebert, Foto 1912.

dem Modehaus tätig, in dem Anna angestellt gewesen ist. Das war das Damen- und Kinderkonfektionshaus Franz Ebert, Thomaskirchhof 22, Ecke Klostergasse. Zu DDR-Zeiten Kaufhaus Topas und heute Commerzbank. Sie wissen schon, dort, wo die Fassade etwas reichlich mit Gold vollgepackt ist.

Mitte des Monats Juli heiratete das glückliche Paar – Mitte August 1914 war Anna alleine und Arthur – tot! Gefallen zu Beginn des Ersten Weltkriegs. Er ist unter den Ersten gewesen, die den sinn- und ehrlosen Tod „auf dem Feld der Ehre“ gestorben sind und die schließlich nach Millionen gezählt wurden.

Tante Anni, 23 Jahre alt und Witwe nach zwei Flitterwochen, hat nie wieder Beziehungen zu einem Mann aufgenommen. Es war ihr nicht möglich – denn keiner wäre ihrem Arthur gleichgekommen ...

Otto Künnemann

Kaffeehaus Felsche

Außerordentlich beliebt bei den Leipzigern, die ja seit alters her einen Hang zum Kaffee haben, war das „Café français“ am Augustusplatz.

Erbauen ließ es 1835 der weitblickende Zuckerbäcker Wilhelm Felsche, und zwar auf dem Gelände, das frei wurde, als die Stadt beschloss, das sich dort befindende Grimmaische Tor abzureißen. Eines der vier großen Stadttore Leipzigs, die bereits seit 1824, als der Torgroschen aufgehoben wurde, keine Bedeutung mehr hatten. Unbegreiflich ist, warum sich die angrenzende Universität nicht den Grund und Boden gesichert hat, obgleich bereits feststand, dass man dort bauen würde.

Wie auch immer – Zuckerbäcker Felsche war schneller. Und das war gut so. Sein Caféhaus im französischen Stil brachte den erhofften Erfolg, wurde zum ersten Haus am Platze, zum Ort bürgerlicher Geselligkeit und zum Treffpunkt der vornehmen Welt. Elegant umgebaut, mit nettem Balkon für die Gäste in der 1. Etage, erlebte das

Das Café français auf einer alten Ansichtskarte von 1904.

Café français dann viele gute Jahre. Daran änderte sich auch durch den ErstenWeltkrieg nichts Wesentliches. Bis auf eins – der Name. Und nicht irgendwann, sondern am zweiten Kriegstag forderten „Patrioten“ eine sofortige Tilgung des feindsprachigen Namens. Also Café Felsche? Nein, auch dieser Name war noch zu französisch! Erst Kaffeehaus Felsche ist dann treudeutsch in Ordnung gewesen. Die Mutter des Autors erzählte, wie angenehm es war, dort auf dem Balkon zu sitzen: *„Under richt'chn Balm', bei ä Schälch'n Heeßen ... nee, 's war zu scheen!“* Diese liebenswerte Stätte der Gastlichkeit ist ein Opfer der Bomben des ZweitenWeltkriegs geworden. Vernichtet durch einen Volltreffer im Dezember 1943. Noch lange gab es dort einen Trümmerberg in der Nachkriegszeit. Wir glauben, 1949 ist er geräumt worden. Heute erinnert nichts mehr an das Kaffeehaus Felsche.

Martina Güldemann / Otto Künnemann

Das Kaffeehaus Felsche am Augustusplatz, Foto um 1935. Rechts das 1938 von den Nazis in Brand gesteckte jüdische Kaufhaus Bamberger&Hertz. Links die in einem Akt unbegreiflicher Kulturbarbarei 1968 vernichtete Paulinerkirche.

Eine bittere Enttäuschung

Mit Interesse, ja Begeisterung, wurde in Leipzig das größte Bauprojekt verfolgt, das die Stadt jemals in Angriff genommen hat: der Bau des Hauptbahnhofes vor rund 100 Jahren. Eine ganz junge Interessentin ist meine Mutter gewesen, geboren im Januar 1905. Sie war von klein auf ein resolutes Persönchen und wusste in der mit 12 Kindern gesegneten Großfamilie ihren Kopf durchzusetzen. So gab es zum Beispiel am Sonntag das teure Weißbrot, das heiß begehrt bei den Kindern war. Jedes bekam sein Stück. Mit empörtem Geschrei beschwerte sich Ernestine Martha Anna, dass sie natürlich wieder das kleinste abbekommen habe. Bis ihr Vater, der ansonsten gestrenge Ober-Postsekretär, die Briefwaage holte, und obwohl sie keineswegs das kleinste hatte, bekam sie noch ein „Schnietzchen“ dazu.

Frühjahr 1912. Die linke, die preußische Seite des Hauptbahnhofs war fertig gestellt. Anna besuchte die erste Klasse der Volksschule und bekam dort gesagt, zur Bahnhofseröffnung werde der König kommen. Da musste sie auf jeden Fall hin – *einmal den König sehen*, unbedingt! Es gab wohl sogar schulfrei. Wie sie den armen geplagten Vater manipulieren konnte, deutete ich bereits mit der Brotaffäre an. Sie hat ihn jedenfalls so lange bearbeitet, bis er mit ihr am 1. Mai zur Eröffnung des preußischen Bahnhofsteils gegangen ist. Der Sonderzug lief ein. Würdige Herrn in Frack und Zylinder, uniformglänzende Militärs, Ehrenkompanie, Musikkapelle, doch – kein König zu sehen! „Ja, ich weiß auch nicht, vielleicht ist er nicht mitgekommen“. Doch ein Herr neben meinem Opa, konnte – in feinem Säch-

20-Mark-Stück von 1905 mit dem Bildnis König Friedrich Augusts.

sisch – helfen: „Nu, dort, da, da vorne, d'r gleene Herre im Lodenmandl, mit'n Jächerhietch'n – das is doch d'r Geenig!"

Meine Mutter sagte mir, dies sei eine der herbsten Enttäuschungen in ihrer Kindheit gewesen. Sie hatte einen strahlenden Helden in Samt und Purpur erwartet, selbstverständlich mit einer Krone und mit einem blitzenden Schwert angetan. Ihr Hang zur Monarchie hatte damit schon frühzeitig einen Knacks bekommen ...

So war er eben, Friedrich August III., ein eher einfacher, ein bescheidener Mann, der sich selbst nicht so wichtig nahm und sich gern in die zweite Reihe stellte. Zahlreiche Erinnerungen und Anekdoten um diesen volkstümlichsten der sächsischen Regenten gibt es noch bis heute. Und eine betrifft auch diesen Leipzig-Besuch von 1912.

Der König, der längere Zeit nicht in Leipzig war, hatte sich einen Wagen genommen, eine Droschke, wie man damals sagte, und ließ sich durch die Stadt fahren. Inkognito, wie es ihm am liebsten war. Der Kutscher erklärte, er habe aber nicht länger als eine Stunde Zeit, denn heute komme der König, und den wolle er auf jeden Fall sehen. Nach Ablauf der Stunde bedankte sich Friedrich August und gab dem beglückten Kutscher ein goldenes 10-Mark-Stück. „Stimmt so!" – „Nu, heernse, mei Herr, dadervor fahr'sch Sie awwer gerne noch e'ma enne Stunde – da pfeif'sch doch off'n Geenig!" – „Is recht so, mei Liewer, sie hätt'n ooch nischt verbassd!" antwortete Friedrich August.

Otto Künnemann

Der Thüringer Bahnhof, Foto um 1900. Er war der erste der drei Bahnhöfe an der Promenade, der dem Bau des Hauptbahnhofs weichen musste. Sein Abriss erfolgte im zeitigen Frühjahr 1909.

Der linke, der preußische Teil des neuen Hauptbahnhofes im Bau. Fotoansichtskarte, Aufnahme wahrscheinlich im Spätherbst 1910.

Im Goldhahngässchen

Dort, wo sich heute der monströse Klotz des Bildermuseums erhebt, ist früher ein ganzes Stadtviertel gewesen. Zwischen Brühl, Salz- und Schuhmachergäßchen befanden sich große, für Leipzig typische Handelsdurchgangshöfe. Die dort ansässigen Firmen waren zumeist in das weltweite Rauchwarengeschäft integriert. In dem ganzen Viertel gab es schwere Zerstörungen durch die Bombenangriffe im Zweiten Weltkrieg. Eine, wenn auch mit Sicherheit aufwändige Sanierung wäre natürlich möglich gewesen. Doch, wie nicht selten in Leipzig, beschloss man die Billigvariante: allgemeiner Abriss. Und zwar gleich so flächendeckend, dass die beiden Gassen, die von der Katharinen- zur Nikolai-

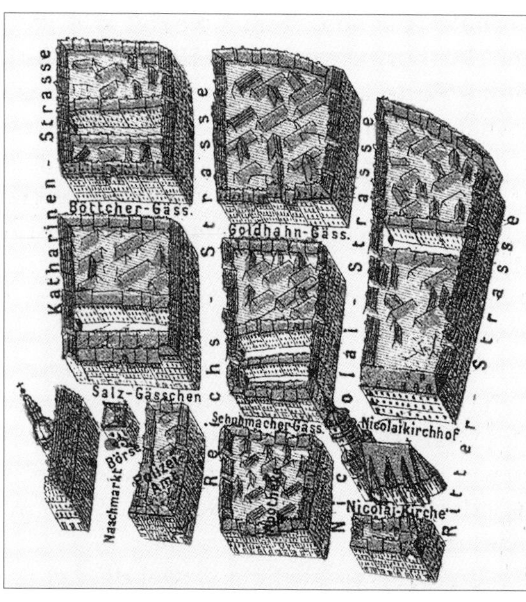

Ausschnitt aus einem Leipziger Stadtplan von 1884. Am Bildrand oben befindet sich der Brühl, am unteren die Grimmaische Straße.

straße führten, vollständig verschwanden. Es handelte sich um das nach den Fass- und Wannenbauern benannte Böttcher- und das Goldhahngäßchen. Letzteres bekam seinen Namen nach einem ehrbaren Leipziger Handelsmann.

Das *Goldhahngäßchen* – mein Großvater, der ein flotter Studiosus war im alten Leipzig, schnalzte mit der Zunge, wenn er den Straßennamen hörte, und die Oma schüttelte missbilligend den Kopf: Denn – dort gab es *Etablissements!* Mit, wie mir der Großvater ernst versicherte, „ganz wunderbaren Mädchen", die, selbst aus Sicht des wenig bemittelten Studenten, „keinesfalls zu teuer" gewesen sein sollen. So, jetzt wissen Sie einigermaßen Bescheid. Nicht ein oder zwei, nein, stolze sechs Häuser der Freude gab es dort!

Eine ehrbare Leipzigerin ging damals durch Leipzigs Goldhahngäßchen ebenso wenig, wie vielleicht heute eine Hamburgerin durch die Herbertstraße. Davon ahnte meine Tante Lotte freilich nichts. Als ich schon lange erwachsen war, erzählte sie mir einmal folgende Geschichte. Doch nein, ich bitte um etwas Geduld, erst möchte ich Ihnen ein Bild von Tante Lotte zeichnen.

Wie für alle Mädchen in der Familie (das betraf auch meine Mutter) ging es sofort nach der Schule hinaus ins Leben – ein „Fresser" weniger daheim, das war bei 12 Kindern wichtig. Die kleine Lieselotte kam also mit 14 Jahren „in Stellung", wie das hieß. Und zwar bei einem Geschäftsehepaar in der Pfaffendorfer Straße. Ihre grenzenlose Naivität möge Folgendes belegen: Eine ihrer Pflichten war das Ausführen der zum Hause gehörenden schönen Setterhündin im nahen Rosental. Ein hochedles Tier mit Stammbaum, eine *Clara von* ...

Eines Tages, als es wieder auf zwei Beinen und vier Pfoten hinausging, bekam sie gesagt: „Pass aber gut auf, die ist läufig!" Das kleine Lottchen wunderte sich etwas, denn laufen tat die ja eigentlich immer gern. Na, Clara würde ihr schon nicht wegrennen. Unterwegs gesellte sich noch ein anderer Hund hinzu, und die zwei haben richtig nett miteinander herumgetollt. Aus Begeisterung ist der Fremde sogar einige Male auf die Clara draufgeklettert ...

Der „traumhafte" Wurf umfasste fünf Stück. Ein Skandal – nicht bei Clara, aber bei Herrchen und Frauchen, und er führte zu Lieselottes fristloser Entlassung. Doch soweit sind wir noch nicht.

Öfter hatte sie für das Geschäftshaus Botengänge zu erledigen, und als etwas in der Innenstadt zu besorgen war, ging sie einmal auch durch das Goldhahngäßchen. Gleich eingangs begrüßte sie nett eine junge Frau: „He, du gleene Schlampe, hau' bloß ab – willst mir wo' de Tour vermasseln, was!?" Lottchen verneinte. Sie hatte wirklich in keiner Weise die Absicht, irgend jemanden irgend etwas zu vermasseln. Vorsichtshalber ging sie schnell weiter. Das Goldhahngäßchen war nicht lang. In drei Minuten war man durch, aber es reichte, um noch Zeugin eines Zwiegesprächs zu werden. Handelnde Personen: Eine, na gut, sagen wir Dame am Fenster im zweiten Stock und ein elegant angezogener Herr auf der Straße. Es entwickelte sich dieser Dialog:

Der Herr: „He, du da ohm – dich zeich' ich an!"

Die Dame: „Da gann'sch nur gichern, du halwer Hahn, warum denne?"

Der Herr : „Ja, du Schwein, bei dir hab'sch m'r nämlich Filzleise geholt!"

Die Dame: „Ach so – na dacht'ste for deine lumb'schn finf Mark setz'sch d'r Seidenraupen ein?"

Tante Lotte sagte, dass sie damit nicht so richtig etwas anzufangen wusste, ahnte aber, dass es etwas ganz Ungeheuerliches sein dürfte. Schnell weg – und das Goldhahngäßchen wurde künftig strikt gemieden.

Otto Künnemann

Vom Naundörfchen

Hinter dem Gebäudekomplex von Handelskammer und Hauptfeuerwache am heutigen Goerdelerring, begrenzt von der Lessingstraße und der Jahnallee, befand sich in früherer Zeit das Naundörfchen.

Es ist uralter Siedlungsraum gewesen. Schon um 1100 gründeten dort deutschstämmige Einwanderer das Neuendorf, vielleicht auch Auendorf. Die Gemeinde unterstand der Jacobs-Parochie. An die längst verschwundene kleine Kapelle erinnert heute noch ein Relief und der Name einer Seitenstraße der Jahnallee: Jacobstraße. Dort befand sich auch Leipzigs älteste Mühle, die Angermühle, die ebenfalls mit dem Naundörfchen in Verbindung stand. Das Naundörfchen gehörte lange Zeit nicht zum Leipziger Land. Auf Grund einer Schenkung war es im Jahre 1293 an das Kloster Seußlitz gekommen. Erst 1503 kaufte es Leipzigs Rat von den Nonnen zurück. Einfache Leute wohnten im Naundörfchen, meist

Historische Ansicht des Naundörfchens um 1850.

Das Hahnreibrückchen um 1910.

Handwerksgesellen und Fischer.

Ältere Leipziger erinnern sich noch an die kleinen, verwinkelten Häuser und Höfe, die es dort gegeben hat. Bescheiden gebaut hatte man nach dem Dreißigjährigen Krieg. Viele Häuser zierte dennoch feines Fachwerk oder kunstvolle Bemalungen, und es gab mehrere schöne, sehr alte Hauszeichen. Eine kleine Brücke führte am Fleischerplatz über den Pleißemühlgraben ins Naundörfchen. Dass sie im Volksmund *Hahnreibrückchen* hieß, mag dezent anzeigen, was man im Naundörfchen auch vorfinden konnte. Eine kleine Gasse mit dem Namen Naundörfchen gibt es dort noch, aber von der historischen Örtlichkeit oder den alten Gebäuden ist nichts geblieben. Unsere Bilder zeigen, dass man diese Tatsache stadtgeschichtlich bedauern kann. Mit der Verbannung des Pleißemühlgrabens unter die Erde, mit der Beseitigung von Bombentrümmern und mit den Abbrucharbeiten an verfallener Bausubstanz verschwand nach 1950 dieser kleine historische Stadtteil gänzlich. Das Naundörfchen stellte einen romantischen städtebaulichen Rest dar, einen fast vergessenen Winkel in der betriebsam-modernen Großstadt.

Martina Güldemann

Ein Sonntagsvergnügen

Wie wohl alle älteren Menschen erinnert sich auch eine Dame, aufgewachsen und noch immer beheimatet in Leipzig-Anger-Crottendorf, gern ihrer Kindheit und denkt dabei mit besonderer Freude an das Sonntagsvergnügen der Familie. Wir möchten an diesem Erinnern gern teilhaben, das gerade durch die Bescheidenheit der Ereignisse seinen Reiz findet.

Die damals sieben oder acht Jahre alte Ruth erzählt: In den Dreißiger Jahren gab es im östlichen Leipziger Vorland noch keine Verkehrsanbindung. Wer auf die Dörfer wollte, nutzte zumeist das Fahrrad. An ein Auto war gar nicht zu denken. In unserer Straße gab es ein

Die kleine reizvolle Trinitatis-Kirche in Leipzig-Anger, die beim Bombenangriff am 4. Dezember 1943 vernichtet wurde.

einziges, es gehörte einem leitenden Angestellten der Pharmafabrik Wilmar Schwabe.

Wir, meine Familie und ich, liefen zu Fuß, wenn es am Sonntagnachmittag hinaus ging. Das Ziel war eines der schönen Gasthäuser, die sich in den heute größtenteils eingemeindeten Dörfern befanden. Sehr beliebt war der Gasthof Mölkau.

Der Gasthof in Mölkau, der als besonders familienfreundlich bekannt war.

Nach dem Mittagessen wurden die Sonntagskleider angezogen, und fröhlich machten wir uns auf den Weg. Der war freilich recht lang. Doch ist er uns Kindern niemals zu lang geworden, denn die Belohnung lockte, die *Einkehr zu Kuchen und Limonade*. Im Garten des Gasthofes waren in der warmen Jahreszeit Tische und Stühle aufgestellt. Mit den blütenweißen Tischdecken hatten wir Kinder unsere Probleme, die schienen die Kleckereien geradezu anzuziehen. Die schönen großen Bäume spendeten Schatten.

Die Erwachsenen tranken Kaffee oder Bier, manchmal einen Likör. Auch der Obstwein war sehr beliebt. Alles war nicht sehr teuer. Meist trafen Vater und Mutter Bekannte und unterhielten sich. Die jungen Leute begaben sich ins Gasthaus, denn dort wurde jetzt zum Tanz aufgespielt.

Ein besonderes Erlebnis hatte ich bei der Einkehr im Gasthof Zweinaundorf. Wir Kinder gingen von dort gern zum Dorfteich. Größere Jungen angelten oder fingen Frösche, und wir Mädchen saßen am Ufer und schauten zu. Manchmal spielten wir auch „Hasche". Aber nicht so laut – es war ja Sonntag. Und dabei ist es mir einmal passiert, dass ich abrutschte und, angetan mit Sonntagskleid, Hut und den guten Schuhen, im Dorfteich landete! Ein kleiner Kavalier fischte mit der Angelrute meinen Hut aus dem Wasser, aber ansonsten war mir nicht zu helfen. Klitschnass und von den Eltern „beglückwünscht" musste ich den Heimweg antreten. Zum Glück war es warm. Entgegenkommende Spaziergänger sahen mich kopfschüttelnd an – wie sieht das Kind bloß aus, und dazu noch ein Mädchen?! Ich habe mich so geschämt.

Von dieser unliebsamen Ausnahme abgesehen, war der Nachhauseweg aber schön. Mit Blumen und Gräsern in den Händen und vielleicht mit einem schön geformten Stein oder einem bunt geringelten Schneckenhaus in der Tasche, kamen wir daheim an. Und hier gab es noch eine letzte Freude an diesem Tag: Auf den sonntäglichen Abendbrottisch kam wie immer der große Teller mit den Schinkenschnitten.

Otto Künnemann

„Den Geschäftsführer, bitte!“

Auch ein weiteres, wirklich nettes Erlebnis aus ihrer Kindheit, das uns Ruth schilderte, soll nicht in Vergessenheit geraten.

Acht Jahre war sie alt und entstammte einer trinkfreudigen Familie. Nein, nicht was man jetzt wohl denkt, es geht keineswegs um Alkoholisches. Der *Kaffee* war die große Leidenschaft. Auch die kleine Ruth durfte bereits ihr Tässchen abbekommen. Zu ihren Pflichten gehörte es, jeden Freitag den für die folgende Woche benötigten Kaffee einzukaufen. Das erfolgte bei Kaffee-Habert in der Petersstraße, unmittelbar neben dem Konfektionshaus Steckner, dort, wo sich die elegante Steckner-Passage befunden hat. Sie verband die Petersstraße mit dem Thomaskirchhof.

Mit Interesse sah das Mädchen, wie Kaffeekunden an kleinen Tischen Platz nehmen konnten und kostenlos eine Tasse Kaffee serviert bekamen. Das sagte ihr sehr zu, besonders weil sie da, zum Kaffee, gleich ihre Belohnung essen könnte, das Päckchen Leibniz-Kekse. Dafür gab ihr Mutter immer 25 Reichspfennige extra. Also nahm die kleine Dame ebenfalls Platz. Die fein angezogene Bedienung kam – schwarzes Kleid, weiße Schürze, weißes Häubchen.

„Eine Tasse Kaffee, bitte.“

„Kinder bekommen keinen Kaffee, er ist schädlich!“

Das war Ruth nun völlig unverständlich. Warum sollte plötzlich etwas schädlich sein, das sie alle zu Hause täglich tranken? Eine unfreundliche Bedienung! Aber in einem solchen Fall kann man sich ja weiter wenden. Ruth rief die Serviererin noch einmal:

„Ich möchte den Geschäftsführer sprechen!“

Nach kurzer Zeit kam er und setzte sich schmunzelnd an den Tisch. Wenn er sich wohl auch wunderte, dass man daheim dem kleinen Mädchen Bohnenkaffee gab, so bemerkte er doch an ihrer ehrlichen Entrüstung, dass sie die Wahrheit sagte. Er wies an, ihr eine Tasse Kaffee zu servieren, und dabei blieb es an jedem Freitag.

„Manchmal setzten sich Erwachsene an meinen Tisch, die sich mit mir unterhielten und sich amüsierten“, erzählte Ruth. „Jeder Freitagnachmittag ist für mich eine große Freude gewesen“.

Otto Künnemann

Blick vom Markt zur Petersstraße. Hinter dem Eckhaus, Modehaus Steckner, befand sich „Kaffee-Habert“. Im Vordergrund das Siegesdenkmal, errichtet 1888, demontiert 1946.

Judenstern und Bombenhagel

Unsere kleinen Erzählungen aus dem alten Leipzig sind zumeist fröhlicher Natur. So ist es gedacht, so ist es sicher auch richtig. Aber unser Buch möchte auch ein Zeitbild sein, und so kann das Üble nicht ausgespart bleiben. Die nachfolgende Geschichte, die der kleinen Ilse im Leipzig der Dreißiger/Vierziger Jahre, ist leider in keiner Weise amüsant.

1921 in der Messestadt geboren, erlebte Ilse eine unbeschwerte Kindheit im Osten der Stadt. Die Wohnung der Eltern befand sich am Anfang der Eilenburger Straße, unten am Gerichtsweg. Einen freien Blick hatte man über das dort befindliche Bahngelände. Vom Eilenburger Bahnhof fuhren Personenzüge in Richtung Cottbus, Sorau und Guben, und das große Rangiergelände nutzte der Güterverkehr. Der Kohlehandel wurde beliefert, Kar-

Der Eilenburger Bahnhof, eröffnet 1874. Für den Fernverkehr 1915, für den Personen-Nahverkehr 1942 stillgelegt. Im Jahr 1943 stark durch Bomben beschädigt und später abgebrochen.

toffeln kamen an. Am aufregendsten war aber, dass von und zur nahen Brauerei die Spezial-Kühlwagen für das gute Riebeckbier mit Ochsenbespannung bewegt wurden. Ein Hofarbeiter ging unter warnendem Glockengebimmel voraus, ein zweiter führte die beiden friedlich-gemächlichen Tiere, und in der Kurve, in der kurzen Friccius-, der heutigen Rubensstraße, quietschten ganz wunderbar die Räder der Waggons.

Das Beste am *Eilenburger Bahnhof* aber war der dort stationierte Eismann mit seinem kleinen gelben Wagen und zwei Sorten Speiseeis. Der lange Personentunnel unter den Gleisen hindurch war ein bisschen unheimlich, zumal abends. Über wenigstens 80 Meter führte der von der Eilenburger- zur Nostitz-, der heutigen Reichpietschstraße. Gern spielten die Kinder im nahen Johannistal, und für das Johannismännchen, die kleine, noch heidnischen Zeiten entstammende Kultfigur, die dort stationiert war, wurden an seinem Ehrentag, dem 24. Juni, Blumen mitgebracht.

Im Jahre 1937 begann für Ilse der Ernst des Lebens, die Berufsausbildung. Da der Vater Schneider war (er hat tatsächlich noch im „Schneidersitz" gearbeitet), lernte die Tochter etwas Artverwandtes: Pelznäherin. Lehrbetrieb war die Rauchwarenfirma Carl W. Blell, Ritterstraße Nr. 50. Das ist das Eckhaus zum Brühl, die „Heuwaage". Lehrmeister war Herr Blell selbst, und seine Gattin unterrichtete einmal wöchentlich in handwerklicher Theorie. Die Berufsschule befand sich in Gohlis. Die Lehre war nicht nur erträglich, sie machte sogar Spaß. Wer in Leipzig, in der Welthauptstadt des Pelzhandels und der Pelzveredlung, arbeitete, gehörte einer besonderen Schicht an.

Die Ausbildung beschränkte sich keineswegs auf das kunstvolle Vernähen des edlen Materials, alle Betriebsabteilungen mussten durchlaufen werden. Beispielsweise auch die Sortiererei, wo Rohfelle von entsetzlichem

Gestank gesichtet wurden, die noch oder besser wieder „lebten“, der Legionen von Maden wegen. Doch das gehörte eben dazu – man gehörte dazu. Ein kleines Entgelt brachte Ilse nach Hause: wöchentlich drei Mark und im zweiten Lehrjahr vier. Samstags wurde auch gearbeitet, dann etwas kürzer, und am Sonntag war endlich Zeit für das viel geliebte Kino oder für die Radtouren mit der Freundin, besonders gern zum Völkerschlachtdenkmal.

Das Leben war schön und die Welt war in Ordnung. Aber das änderte sich von einem Tag auf den anderen: am grauen, trüben Morgen des 10. November 1938. Ilse ging wie täglich zur Arbeit. Zu Fuß natürlich – das Geld für die Straßenbahn konnte man sparen. In der Luft lag ein merkwürdiger Brandgeruch, und viel mehr Menschen als sonst waren unterwegs.

Als sie vom Grimmaischen Steinweg zum Augustusplatz ging, stockte ihr der Atem: Aus dem Modehaus Bamberger&Hertz, an der Ecke zur Grimmaischen Straße, kamen dicke Rauchwolken. Und auch über dem Brühl sah man Qualm. Hoffentlich nicht ihre Firma! Menschen mit Pelzen über dem Arm kamen ihr entgegen. Erst viel später begriff sie, dass das Plünderer waren. Scherben überall, zerbrochene Schaufenster, gutes, teures Mobiliar zerschlagen auf der Straße, heruntergerissene Firmenschilder ...

Es war der Morgen nach der berüchtigten Pogrom-, der so genannten *Reichskristallnacht*. Im Leipziger Brühl, dessen berühmter Pelzhandel größtenteils in jüdischer Hand war, wütete der braune Mob. Ilse fand ihre Firma nicht betroffen, obwohl Herr Blell Halbjude war und seine Frau Jüdin. Sie sind aber holländische Staatsbürger gewesen, und das hatte man (noch) beachtet.

Mit vielen Aufträgen ist Ilse, die bald eine geschickte Näherin wurde, von Frau Blell bedacht worden. Einen hat sie nie wieder vergessen können: Frau Blell bat sie, auf ihre Oberbekleidung die Judensterne aufzunähen. Ilse, heute über 80 Jahre alt, erinnert sich daran noch genau: „Es war furchtbar; die Meisterin hat sich so geschämt und versuchte, den Judenstern am Mantel mit dem Arm zu verdecken".

Der ausgebrannte Königsbau, Kaufhaus Bamberger&Hertz.

Frau Blell, die wohl lange Zeit ihr holländischer Pass schützte, hoffte unauffällig und unbemerkt über die Schreckenszeit zu kommen. Es war ihr nicht vergönnt! Im Herbst 1944 wurde sie „abgeholt", wie das hieß, und erlebte noch schreckliche Monate im Konzentrationslager Theresienstadt. Immerhin gehörte sie, wenn auch krank und schrecklich abgemagert, zu den Glücklichen, die Befreiung und Heimkehr erlebten. Nun aber hatte die Pelzhändlerfamilie genug von Deutschland – wer will es ihnen verdenken. Sie gaben das Geschäft in Leipzig auf und gingen in ihre holländische Heimat zurück. Carl Blell empfahl seinem Nachfolger Ilse als gute Fachkraft, und sie blieb in der Firma.

Doch zwei furchtbare Kriegserlebnisse sind noch nachzutragen. Spätherbst 1943. Seit mehr als vier Jahren tobte der Krieg, das Leben wurde immer schwerer, und auf Leipzig waren schon Bomben gefallen. Zum Glück hatte es keine großen Schäden in der Stadt gegeben.

Am Abend des 3. Dezember musste Ilse nochmals in die Firma, denn sie hatte Nachtwache. Wegen der Fliegergefahr hatte man besondere Brandwachen eingerichtet, einen kleinen Nebenverdienst gab es dafür – und es würde ja hoffentlich auch nichts passieren. Die Hoffnung wurde in dieser Nacht vom größten alliierten Bomberangriff während des Krieges auf Leipzig in brutalster Weise zunichte gemacht. Am frühen Morgen des 4. Dezember, gegen 3.40 Uhr, heulten die Luftschutzsirenen. Ilse hatte gerade noch Zeit, den vorgeschriebenen Stahlhelm aufzusetzen und eine alte Decke umzulegen, da mischten sich in das Bellen der Flak bereits die ersten Bombenexplosionen. Bald loderten ringsum gewaltige Brände. Da es in der Heuwaage nur Glasschäden gegeben hatte, versuchte die junge Frau tapfer, bei sinnlosen Löscharbeiten auf Nachbargrundstücken zu helfen. Gegen Stabbrandbomben und Phosphorkanister mit dem Sandkasten und der Feuer-Patsche! Ein Unbekannter holte sie schließlich aus dem brennenden Haus auf die Straße, jemand brachte sie durch Feuer, Rauch und Trümmer zur fast unbeschädigten Nikolaikirche.

Leipziger Innenstadt, 4.12.1943.

Dort blieb Ilse, völlig unter Schock stehend, bis zum Tageslicht.

Doch hell wurde es an diesem Tage nicht in Leipzig. Mühsam, über Trümmer kletternd, die glühende Hitze noch immer brennender Häuser meidend, suchte Ilse den Weg nach Hause. Den Weg durch ein Leipzig, das sie nicht mehr kannte. Noch immer trug sie, ohne es zu bemerken, Decke und Helm. Der Augustusplatz

Das schöne Buchhändlerhaus.

verwüstet, das Augusteum und die Hauptpost brannten noch. Weiter. Das Schiff der Johanniskirche in Flammen und das Buchhändlerhaus eine qualmende Ruine. Der Gerichtsweg und da – die Eilenburger Straße. Aber – wo – um Gottes Willen – wo war das Haus Nr. 3, ihr Elternhaus ?! – Ein rauchender Trümmerberg!

Auch dieses Haus war von Brandbomben getroffen worden, brannte aus und stürzte dann zusammen. Doch Riesenglück im furchtbaren Unglück: Alle Bewohner

Leipziger Ostvorstadt, 4.12.1943.

hatten sich noch rechtzeitig retten können. Ilses Familie und sie selbst erhielten als Totalgeschädigte Kleidungsstücke und ganze 200 Reichsmark. Ihr Verlobter, in Norwegen im Felde stehend, bekam ein paar Tage Heimaturlaub.

Und ein zweites schlimmes und lebensbedrohendes Kriegserlebnis galt es für sie zu überstehen. Dann bereits als junge Ehefrau und schwanger, im Sommer 1944. Sie hatte ihre Arbeit als Näherin behalten und war noch immer bei Blells tätig. Aber nicht edle Felle wurden jetzt unter ihren geschickten Händen zu schmückenden Pelzen. Jetzt nähten sie und ihre Kolleginnen Uniformen. Und manchmal kam ein Zettelchen mit einem lieben Gruß in die Manteltasche.

Der 7. Juli 1944 war ein schöner sonniger Tag. Doch dessen sommerliche Freundlichkeit erstarb jäh im gefürchteten Sirenengeheul. Vorwarnung, und dann sofort Vollwarnung. Entgegen aller bisherigen bösen Nachterfahrungen kamen die Bomber dieses Mal am helllichten Tag! Nichts wie in den Keller. Und schon folgten erste schwere Einschläge. Ganz nahe schienen die Bombenwürfe zu liegen. Gewaltige Explosionen ließen den Fußboden des Kellers beben, Putz rieselte von der Decke, die nächste Bombe konnte das Haus treffen, konnte das Ende sein ... Was Ilse dort erleben musste, ohne es in dem Moment zu wissen, war der gezielte, so genannte *Punkt-Angriff auf Mitteldeutschlands Eisenbahnknotenpunkt*, auf den nur zweihundert Meter entfernten Hauptbahnhof.

Der US-Bomberangriff führte zu schweren Schäden an Gleisen, den Anlagen und dem riesigen Bahnhofsgebäude, besonders an der Westhalle. Das Dach der Querbahnsteighalle stürzte ein. Etwa 300 Menschen kamen bei dem Angriff im Bahnhof ums Leben. Die restlose Beseitigung der Spuren des Bombardements dauerten bis zum Jahre 1965!

Die zerstörte Westhalle des Hauptbahnhofs.

Sechzig Jahre und länger liegen Ilses schreckliche Erlebnisse nun schon zurück. Was für ein Zeitraum! Aber wie verständlich, dass man solches Geschehen nicht vergessen kann und dass die Bilder auch nach sechs Jahrzehnten noch lebendig sind ...

Otto Künnemann

Nackte Tatsachen

Ganz besonders Leipzigs kulturinteressierte Männerwelt kam im Winter 1929 voll auf ihre Kosten: Die berühmt-berüchtigte Josephine Baker gastierte in der Messestadt. Waren ihre Auftritte bisher stets in Weltstädten erfolgt, zuletzt in Paris und dann in Berlin, so gab sie jetzt einer vergleichsweise kleinen Stadt die Ehre. Aber es handelte sich ja mit Leipzig auch nicht um irgendeine Stadt, sondern um die weltweit anerkannte erste Messemetropole.

Die Baker war einmalig und von unglaublicher Ausdrucksstärke. Sie war nicht nur Tänzerin, das allein genügt nicht. Sie konnte Grimassen schneiden, ja schielen, als dämonischer Vamp auftreten oder als Dummchen vom Lande. Züchtig und schlicht oder voll prickelnder Erotik. Und sie hat dem Charleston zu seiner ungeheuren Popularität verholfen. Die Pariser Presse bescheinigte ihr: „Normalerweise folgt der Tänzer der Musik. Bei Miss Baker scheint das Gegenteil der Fall zu sein. An ihren wahnwitzigen Zuckungen, wilden Verrenkungen und Luftsprüngen scheint sich der Rhythmus zu entzünden. Sie diktiert die Musik“. Öffentlich in Kostümen

Der Kristallpalast, Wintergartenstraße. Wegen des Auftritts Josephine Bakers US-beflaggt. Gegenüber das beliebte „Gose-Hotel Fröhlich“.

aufzutreten, die deutlich mehr als „knapp bemessen" waren, hatte vor Josephine Baker niemand gewagt. Der Leipziger Kristallpalast, dort war sie vom 16. bis zum 31. Januar 1929 engagiert, hatte seine Sensation. Das Haus wurde 1882 eröffnet, der größte der Säle, die Alberthalle, erst 1887. Allein dort fanden 3000 Personen Platz. Der Kristallpalast war das größte Vergnügungsetablissement Deutschlands. Nach schweren Bombenschäden hatte auf dem Gelände ab 1945 der beliebte Zirkus Aeros seine feste Unterkunft, später das *Haus der heiteren Muse*, das 1992 ein Großbrand vernichtete.

Konnte man der Baker auch in Berlin keineswegs Erfolg absprechen, so nahm man an ihrer Halb-Nacktheit in der Reichshauptstadt doch ziemlich heftigen Anstoß. Ganz anders in Leipzig: Hier herrschte eine ungeteilte Begeisterung! Auch der Kritiker der bürgerlichen Neuen Leipziger Zeitung, der am 17. Januar ihren ersten Auftritt vom Vorabend rezensierte, war voll des Lobes, der Bewunderung und „dankbar, dieses reizvolle Pigment, die exotische Komplementärfarbe zu einer allzu weißen Kultur" kennen gelernt zu haben.

Martina Güldemann

Josephine Baker, ein Weltstar, geb. 1906, Saint Louis, USA, gest. 1975, Paris.

ALSO, MORGEN HALB ACHT, BEI BLUMEN-HANISCH!

Manche Dinge sind schon kurios. Ich treffe mich beispielsweise noch heute mit meiner Mutti an der Markuskirche, obwohl diese bereits 1978 gesprengt wurde. Uns würde nie einfallen, uns an der Köhlerstraße, wie die Straßenbahnhaltestelle offiziell heißt, zu verabreden. So etwas kennt sicher jeder Leipziger von seinem Viertel. Aber jeder zumindest ältere Leipziger kennt auch einen Punkt in der Innenstadt, der ein Verfehlen wegen ungenauer Ortsangabe unmöglich macht: Blumen-Hanisch am Augustusplatz, eingangs der Grimmaischen Straße.

Bereits 1936 konnte Blumen-Hanisch auf eine hundertjährige Tradition in Leipzig verweisen, hatte man doch schon in der Biedermeierzeit eine Gärtnerei eröffnet. Das erfolgte in der entstehenden Leipziger Ostvorstadt, dort, wo sich heute die Scherlstraße befindet. Angelegt wurde diese Straße 1839, und sie erhielt, bezugnehmend auf Hanischs bekannten Gartenbaubetrieb, den schönen Namen *Blumengasse.*

Anfang der zwanziger Jahre wurde das Haupthaus in der Grimmaischen Straße enorm erweitert und die kleine Zweigstelle in der Petersstraße geschlossen. Blumen-Hanisch entwickelte sich zum weltweit größten Unternehmen der Branche. Allein in der „Rosen-Abdornerei" arbeiteten 20 junge Damen. Unser Foto zeigt den Transporträderpark zur ständigen Auslieferung von Bestellungen innerhalb Leipzigs. Vier Mitarbeiterinnen konnten gleichzeitig FLEUROP-Bestellungen nach auswärts aufnehmen.

Mit 30 Mitarbeitern entwickelte sich die Filiale Hauptbahnhof zur deutschlandweit erfolgreichsten. Mit ihr gab es auch bei Reisetreffs einen unverwechselbaren

Anlaufpunkt: Blumen-Hanisch, Hauptbahnhof. Stets geschmackvolle Dekorationen verschönten dort die Wartezeit auf einen lieben Menschen.

Treff Blumen-Hanisch – das war auch zu DDR-Zeiten nicht anders. Da hieß der Inhaber zwar nicht mehr Hanisch und die Auswahl an floristischen Aufmerksamkeiten war auch nicht mehr groß, aber man traf sich weiter schräg unter den Glockenmännern bei Blumen-Hanisch. Das tat man auch noch, als Textilien die altbekannten Schaufenster zierten. Und auch jetzt, wo eine Bank dort ihre Super-Sonder-Geldanlagen anbietet, verabreden sich die älteren Leipziger weiterhin: „Also, morgen halb acht, bei Blumen-Hanisch!"

Martina Güldemann

Das Foto von 1936 zeigt die Ausdehnung, welche das Geschäftshaus J.C.Hanisch in der Grimmaischen Straße genommen hatte.

Leipzigs Bismarck

Wo die Edvard-Grieg-Allee auf die Karl-Tauchnitz-Straße trifft, am Ende des Johannaparks, steht das Clara-Zetkin-Denkmal. Walter Arnold schuf im Auftrag der Stadt dieses künstlerisch recht bescheiden ausgefallene Denkmal der bekannten Frauenrechtlerin. Aufgestellt hat man es exakt an der Stelle, wo zuvor jemand ganz anderes stand: Otto von Bismarck, der große Kanzler, der „Schmied der deutschen Einheit".

Bezahlt worden ist das Denkmal mit Spendengeldern Leipziger Verehrer des Reichskanzlers. Der Gründer des Reiches wurde dargestellt in Begleitung seines treuen Hundes *Tyras*. Die Figuren schuf der Bildhauer Adolf Lehnert. Den unterhalb angebrachten Schmied, den „Mann aus dem Volk", modellierte Josef Magr.

Am 18. Oktober 1897 erfolgte die feierliche Enthüllung. Die etwas dezentrale Aufstellung im Grünen war durchaus umstritten. Anfangs favorisierte man den Augustusplatz. Die Leipziger Neuesten Nachrichten gewannen aber dem Standort etwas Positives ab. So könnte der Betrachter sich fernab der großstädtischen Hektik „aufrichten und zu seelischer Ruhe kommen".

Fürst Otto von Bismarck (1815–1898). 1867–1871: Kanzler des Norddeutschen Bundes,1871–1890: Kanzler des Deutschen Kaiserreiches.

Das Denkmal fand breite Anerkennung, wenn auch der Schmied vielleicht etwas sehr euphorisch geraten war. Doch das entsprach dem Zeitgeschmack. Das Bismarck-Denkmal brachte im Kaiserreich geradezu Besucherströme in den Leipziger Johannapark.

Das Denkmal wurde ein Opfer der beiden Buntmetall liebenden deutschen Diktaturen. Die Nazis demontierten den Schmied (1260 kg *Bronzeschrott!*), und im Jahre 1946 wurde der Kanzler selbst gestürzt. Das war natürlich auch politisch motiviert. Die Vernichtung des Denkmals fand in einer Zeit der radikalen „Ent-Bismarckisierung" statt. In der DDR erfand man ja sogar für den Bismarckhering einen neuen Namen. Sie erinnern sich? – „Deli-Hering" (Delikatesshering).

Martina Güldemann

Ein „Gläserner Leipziger“

Frühzeitig schon hatte Leipzig ein der Allgemeinheit zugängliches Stadtverkehrsmittel bekommen, preiswert und zuverlässig, *die Straßenbahn*. Seit Mai 1872 ging es mit 1 bis 2 PS und in flottem Trab durch die Straßen der Stadt. Ständig wurde das Streckennetz ausgebaut. 1872 hatte man mit drei Betriebslinien auf 9,73 km Gleisanlagen begonnen, 1896 waren es 14 Linien auf Gleisen von 122 km Länge geworden. In diesem Jahr erfolgte die Elektrifizierung. Bis zum Ausbruch des Zweiten Weltkriegs erhöhte sich die Gesamtlänge der Strecken auf 316 km, auf denen 23 Linien im Einsatz waren.

Die LPE (Leipziger Pferde-Eisenbahn) im Brühl, Foto um 1890. Diese Linie verkehrte vom Friedhofsweg zur Karl-Heine-Straße. Heute erinnern nur noch Gleisreste an die Straßenbahn im Brühl.

Werbe-Ansichtskarte für den „Gläsernen Leipziger“, die man mit dem Kauf eines Fahrscheines erhielt.

Nach den furchtbaren Kriegsschäden war es bis zum Sommer 1949 gelungen, 24 Linien verkehren zu lassen, und das Streckennetz umfasste jetzt wieder 292 km. In einer Zeit, wo es praktisch keine privaten Autos gab, war die Straßenbahn von ganz besonderer Wichtigkeit. Häufig sind die Wagenzüge völlig überfüllt gewesen, und der gute alte Schaffner musste weiteren Fahrgästen die Mitfahrt verweigern.

Im Sommer des Jahres 1949 gab es beim „Kommunalen-Wirtschafts-Unternehmen“, denen die Verkehrsbetriebe angehörten, eine Neuerung: Straßenbahn-Stadtrundfahrten.

Die Betriebswerkstätten hatten einen Triebwagen umgebaut, vor allem mit Oberlichtfenstern versehen, und der nahm am Messesonntag, am 28. August 1949, seinen Dienstbetrieb auf. Bei den Möglichkeiten, welche das damalige Gleisnetz bot, war eine richtiggehende Stadtrundfahrt gewährleistet, die keineswegs die Innenstadt aussparen musste. So konnten z.B. die Kathari-

Fahrschein und „Anrechtskarte" für eine Mitfahrt im „Gläsernen".

nenstraße und der Markt, der Brühl und die Grimmaische Straße befahren werden.

Der Triebwagen 1391, später als *Gläserner Leipziger* stadtbekannt, war ein ersehntes Ziel meiner Knabenwünsche. Vater erfüllte meine Bitte. Erstmalig sah ich meine Stadt, die freilich noch vielfach aus Trümmern bestand, sozusagen mit Touristenaugen. Freundlich erklärt von einem älteren Herrn in Straßenbahnerkleidung, den jemand salopp mit „Onkel Bruno" anredete. In der Bahn beeindruckten mich ganz besonders zwei Dinge: hintereinander stehende Polstersitze und der Fahrer. Denn dieser Fahrer – war eine *Frau!* Niemals hätte ich es für möglich gehalten, dass eine Frau eine Straßenbahn fahren kann. Mit staunender Bewunderung stellte ich fest: sie konnte!

Über viele Jahre wurden diese Rundfahrten durchgeführt. Sie endeten mit der letzten Tour am 31. Dezember 1963.

Der Gläserne Leipziger beförderte in 14 Dienstjahren 752000 Interessenten. Bei den 13117 Fahrten wurden 268000 Kilometer zurückgelegt und 380000.- Mark kassiert.

Otto Künnemann

Trümmer für den Sport

Der Titel dieser Geschichte ist sicherlich verwirrend, aber er hat durchaus seine Berechtigung. Wurde doch das größte deutsche Stadion im wesentlichen aus den Trümmern erbaut, die der Zweite Weltkrieg in Leipzig hinterlassen hat. So ist der 23 Meter hohe Stadionwall ringsum unter Verwendung von etwa drei Millionen Kubikmeter Bombenschutt errichtet worden.

Bereits 1929 war in einem Generalbebauungsplan der Messestadt für die kommenden Jahrzehnte ein Stadionkomplex an den Frankfurter Wiesen vorgesehen. Bedingt durch Rüstung und Krieg kam es nicht dazu. Erst nach dem Zweiten Weltkrieg konnte mit der Realisierung dieses gewaltigen Projektes begonnen werden. Unter Leitung des Architekten Karl Souradny entstand in den Jahren von 1954 bis 1956 das „Stadion der Hunderttausend". Neben dem Stadion-Oval waren das fünfgeschossige Hauptgebäude an der Friedrich-Ebert-Straße und die repräsentative Freitreppenanlage mit dem vorgelagerten Kassenbereich Bauschwerpunkte. Die dort befindlichen Sportlerfiguren aus Sandstein schuf der Leipziger Bildhauer Rudolf Oelzner.

Dieses gewaltige Projekt, der Bau des Zentralstadions in Leipzig, traf weitgehend auf Begeisterung in der Bevölkerung, und so durfte sich das Vorhaben Tausender freiwilliger Helfer erfreuen. Das reichte von den Schulkindern bis zu den Rentnern, und mit Sonderzügen trafen Arbeitswillige auch aus anderen Bezirken der DDR ein.

Ich konnte mich mit einer älteren Dame unterhalten, die seit 1954 dabei gewesen ist. Die Freibergerin weilte damals als 16-jähriges Mädchen zum Lehrerstudium in der Messestadt. Traude erzählte, dass es jeden Mittwochnachmittag den so genannten NAW-Einsatz

(Nationales Aufbauwerk) gab, und da ging es raus zum Stadionbau.

Wenn diese Arbeitseinsätze auch nicht ganz freiwillig waren, die Mädchen sind dennoch mit Freude dabei gewesen und waren spätestens zur Eröffnung des Stadions stolz auf ihre Leistung. Die Aufgabe der Studentinnen bestand darin, aus dem Schutt die noch brauchbaren, also unbeschädigten Ziegel herauszunehmen und Reste von Mörtel abzuschlagen. So konnte man die Steine zu neuem Mauerwerk verarbeiten.

Unser Bild, in der bescheidenen Fototechnik der damaligen Zeit, zeigt Traude und ihre Freundinnen bei

Stein um Stein – manche Abschürfung, manchen aufgeschlagenen Finger wird es gegeben haben ...

einem Einsatz an der Friedrich-Ebert-Straße. Für die Mädchen gab es nicht einmal Arbeitshandschuhe ...

Im Sommer 1956 war das große Werk vollendet. Pünktlich zum II. Deutschen Turn- und Sportfest erfolgte am 5. August die feierliche Einweihung des *Zentralstadions*. Zum Höhepunkt des Tages wurde das erste Fußballspiel in Deutschland vor 100 000 Zuschauern. DDR–Meister Wismut Karl-Marx-Stadt spielte 1:3 gegen die starken Gäste von „Honved“ aus Ungarns Hauptstadt Budapest.

Otto Künnemann

Ansichtskarte vom III. Deutschen Turn- und Sportfest, August 1959.

Wie war uns wohl – im Capitol

In diesen Tagen, im Mai/Juni 2004, erfolgt in der Petersstraße ein Abriss. Ob er notwendig ist, vermögen wir nicht einzuschätzen, aber bedauerlich finden wir ihn schon. Es geht um das Messehaus Petershof, insbesondere aber geht's ums Capitol.

Zehn ältere Grundstücke wurden von der 1922 gegründeten Petershof-AG gekauft und die Häuser abgebrochen. Das bemerkenswerteste Gebäude, das auf diesem Areal gestanden hat, war der Gasthof Zum blauen Engel (später das vornehme Hotel de Russie). Im Engel ist 1710 erstmals das braune Porzellan, das Böttger-Steinzeug, verkauft worden, dort wohnte im Jahre 1785 Friedrich Schiller und 1797 Jean Paul. Ab September 1927 wuchs dann in sieben Stockwerken das neue gewaltige Messehaus Petershof empor. Nach allen vier Seiten erstreckten sich seine Fronten: zur Peters- und zur Burgstraße, zum Thomaskirchhof und zum kleinen Sporergäßchen.

Messehaus Petershof und die Petersstraße haben Messeschmuck angelegt.

Chefarchitekt war Alfred Liebig, der mit dem Petershof sein Hauptwerk schuf. Zur Frühjahrsmesse 1929 konnte der Messehaus-Neubau eröffnet werden. Über 10 000 Quadratmeter neue Ausstellungsfläche waren in Leipzig geschaffen worden.

Statt Kelleranlagen hatte man „unter Tage“ etwas viel Besseres gemacht, nämlich Leipzigs elegantestes Kino eingebaut. Es war das erste mit Tonfilmeinrichtung in der Messestadt. „Also, nee, Bolstersitze in allen Breisklassen, un' jetz sprach'n die ooch noch wie im richt'-chn Lähm – mir war'n alle begeistert“, wusste die Mutter des Autors zu erzählen.

5,80 m unter Straßenniveau lag das Parkett des 1700 Sitzplätze bietenden Kinos. Eine technische Meisterleistung war die freitragende, pfeilerlose Kinodecke. Dafür bedurfte es einer brückenähnlichen Stahlkonstruktion,

welche in der Lage sein musste, die sieben Geschosse des Messehauses zu tragen. Das Capitol wurde sofort zum beliebtesten Kino in der breit gefächerten Landschaft der Leipziger Lichtspieltheater, und es hat stets seinen Spitzenplatz behauptet. Doch nicht nur Filme flimmerten dort über die Leinwand, das Capitol wurde auch anderweitig genutzt.

Zahlreiche Messen sind im Capitol eröffnet worden, Konzerte und Kleinkunstaufführungen hat es gegeben. Und über viele Jahre fand hier unter dem Titel *„Filme der Welt – für den Frieden der Welt"* die Internationale Dokumentar- und Kurzfilm-Woche statt.

In den siebziger Jahren bekam das Capitol noch eine Attraktion dazu: die Kino-Bar. In der im Parkettfoyer eingebauten schmucken gastronomischen Einrichtung konnte man z.B. bei einem Gläschen Sekt getrost auf den wenig beliebten „DEFA-Augenzeugen" verzichten (den gab es vor jedem Hauptfilm) oder sich in den Logen mit Getränken versorgen lassen. Ja, man ließ es sich wohl sein im Capitol ...

„Na, aber einer fehlt noch!", sagte unsere Autorin, und da hatte sie auch unbedingt recht. Es geht um einen Musiker. Und natürlich wissen Sie schon Bescheid: „Es spielte für Sie *Erich Neumann* an der Hammond-Orgel". Das gehörte einfach zum Flair des Capitol. Wir konnten uns an keine Vorstellung erinnern, wo Erich Neumann nicht vor Beginn des Programms zur Unterhaltung der platznehmenden Zuschauer gespielt hat. Wir wissen nicht, wie lange er im Capitol musizierte, es müssen zwanzig Jahre und vielleicht noch darüber gewesen sein. Aber wir sehen ihn noch genau vor uns, wenn er sich am Schluss seiner sehr beliebten Darbietungen artig verneigte. Der Beifall war ihm stets gewiss.

Martina Güldemann / Otto Künnemann

Wie jedes Jahr: Auf zum Stausee!

Der rotkarierte Campingbeutel war gepackt, belegte Brote, hartgekochte Eier, die Plaste-Trinkflasche (die nie dicht hielt), natürlich etwas zum Naschen und die Decke. Nun konnte er beginnen, der Wandertag. Treffpunkt: 8 Uhr vor der Schule, Ziel: der Stausee. Schon in der Straßenbahn (Linie 4 bis zur Endhaltestelle Knauthain) begann lautstark die Vorfreude auf einen Tag im Grünen.

Was wir damals nicht wussten war, dass der Stausee Anfang der 30er Jahre als Klärbecken für den Elster-Mühlgraben angelegt worden war. Er fasste 1,5 Millionen Kubikmeter Wasser und besaß eine 100 Hektar große Wasserfläche, die auf einem Rundgang umwandert werden konnte. Die Dämme waren 3,5 m hoch und vier Kilometer lang. Nach der Fertigstellung stachen dort sogar zwei Motorschiffe in See, die *Leipzig V* und die *Sachsen IV*. Auch dass der Elsterstausee durch das 1933 eingeführte Arbeitsbeschaffungsprogramm durch Pflichtarbeiter entstand, wussten wir nicht. Aber ich glaube, damals hätte uns das auch nicht interessiert. Da war die wieder einmal ausgelaufene Plastik-Trinkflasche viel spannender.

Martina Güldemann

Hoch zu Dampf-Ross

Mein Vater war begeisterter Modelleisenbahner. Er baute mit unglaublicher handwerklicher Kunstfertigkeit Wagen und Lokomotiven. Letztere so wie ihre „großen Schwestern" dampfbetrieben!

Damit wuchs ich auf, und die Berufswahl ist gar kein Thema gewesen – der Junge wird Eisenbahner. Mit 14 ging's in eine harte Lehre und mit 17, nach abgelegtem Lokschlosser, auf die Maschine. Natürlich als Heizer. Eine etwas klapprige Güterzuglok war es, eine 52er, auf das Einfachste für den Kriegseinsatz gebaut. Nach dem „Endsieg" sollten diese Maschinen verschrottet werden. Aus dem Endsieg wurde nichts, und die 52er rollten in der armen DDR fleißig weiter.

„Mei Gleener, das sach'ch d'r glei', s heeßt *die* Lokomotive. Un' Weiber sinn zick'ch, das mergsde noch." Goldene Worte meines Chefs, des Herrn Lokführers – ich habe es dann auch öfters bestätigt gefunden.

Wissen Sie, eine Dampflok lebt. Ich bin mir völlig im Klaren darüber, dass diese Aussage natürlich absurd ist. Und trotzdem ... Sie frisst Kohle und säuft Wasser, sie braucht Luft, und die Pumpenhübe sind ihr Herzschlag. Ein braves Zugtier, aber auch ein eigenständiges Individuum, das sehr störrisch sein kann. Man macht alles wie jeden Tag, es wird die gleiche Strecke wie gestern gefahren, heute aber will sie nicht, sie bockt. Du kannst dich halb tot schaufeln, trotzdem fällt der Dampfdruck und sie ächzt, als sei's die letzte Fahrt. Am nächsten Tag – ist wieder alles in Ordnung!

Es war ein schwerer Dienst auf der Lok, den ich körperlich nicht gut verkraftete. Nach zwei ernsten Erkrankungen habe ich ohne Bedauern das Bahnbetriebswerk Leipzig-Engelsdorf und die Maschine verlassen. Mein beruflicher Weg ist ein ganz anderer geworden. Und heute? Plandampf gibt es nicht mehr, und alles hat sich verklärt. Wo es eine Lok zu sehen gibt, schaut man vorbei, und ein unverwechselbarer Dampflokpfiff elektrisiert geradezu. Manchmal fahre ich zum Hauptbahnhof nur, weil auf Gleis 24 eine „kalte“ 52er steht.

Kürzlich ging ich zur Ankunft eines Sonderzuges für Eisenbahnfreunde. Ein früherer Kollege stieg aus, ein glückliches Leuchten im Gesicht. „Ach, dieser Duft der Maschine – da kann die schönste Frau nicht mit“. Und stolz setzte er hinzu: „Ich habe während der Fahrt sogar Ruß ins Auge bekommen!“ Dampf kann süchtig machen. Und damit meine ich keine Zigaretten.

Otto Künnemann

Die auf dem Hauptbahnhof abgestellte Güterzuglok der Baureihe 52.

Pyramiden-Stürmer

Meine Tante Ruth und mein Onkel Werner lebten in der Gletschersteinstraße in Stötteritz. Viele Gründe gab es dafür, dass mein Bruder und ich gern bei ihnen zu Besuch waren. Einer davon hieß: Ersteigung der Pyramide! Nun liegt ja Stötteritz nicht unbedingt in Ägypten oder in Mexiko, aber dennoch gab und gibt es dort eine Pyramide, eine „Gletschersteinpyramide".

Die Gletschersteinpyramide mit der Erläuterung in Eisenguss.

1903 ließ die Leipziger Immobiliengesellschaft auf den umliegenden Feldern der Marienhöhe die zahlreichen Steine aufsammeln, um tadelloses Bauland zu erhalten. Mit einem Teil davon wurde eben jenes bemerkenswerte Denkmal errichtet.

Es besteht aus einem Betonkern, in den rund 550 Findlinge eingelassen wurden. Fast alle diese Steine, die teilweise noch Gletscherschrammen aufweisen, bestehen aus skandinavischem Granit. Das wussten wir natürlich damals nicht, wir wollten nur klettern und uns gegenseitig beweisen, wie mutig wir waren.

Irgendwann erzählte uns dann Onkel Werner, dass vor vielen tausend Jahren mächtige Eismassen vom hohen Norden Europas bis in unsere Gegend vordrangen. Bis zu mehreren hundert Metern war das Eis dick, zermalmte alles Gestein und nahm es als Endmoräne mit sich fort. Nun lagerten in unserer Tieflandsbucht, wo die Eismassen abschmolzen, jede Menge Steine. Pfiffig, wie unsere Vorfahren waren, nutzten sie die Findlinge als Baumaterial für romanische Wehrkirchen, als Grundmauern für Scheunen und Bauernhäuser oder sie befestigten Dorfteiche und Wege damit.

Im Gelände zwischen der Naunhofer und der Ludolf-Colditz-Straße in Stötteritz, wo man besonders viele dieser weitgereisten Steine fand, entstand aber eben daraus eine Pyramide. Als wir das dann wussten – kletterten wir trotzdem noch.

Martina Güldemann

ASTORIA – VERGANGENE GASTLICHKEIT

Eigentlich bin ich kein Frühaufsteher. Doch 14 Tage in den Sommerferien rang ich mich durch, so gegen halb vier Uhr aufzustehen. Das war Anfang der 70er Jahre und ich war Putzfrau auf Zeit im Hotel Astoria. Ein interessanter und für mich als Schülerin auch gut bezahlter Blick hinter die Kulissen einer solchen „Nobelherberge". Anfang der 80er Jahre durchzuckte es mich und meine Geldbörse kräftig, als aus der *Keller-Klause* des Astoria die *Pelz-Klause* wurde und damit die Preise von Kaninchen- auf Nerzniveau stiegen. Anfang der 90er Jahre absolvierte ich als Fachreferentin für Öffentlichkeitsarbeit ein Praktikum in Leipzigs damals wohl bekanntestem Hotel. In bezug auf Eleganz konnte lediglich das International (heute wieder „Fürstenhof") mithalten. Zu diesen Besuchen musste ich nicht so früh aufstehen und nicht so viel Geld bezahlen, aber ich sah nun ein Haus, das eine Generalrenovierung mehr als nötig hatte.

1996 wurde der Dienstbetrieb eingestellt und der große Umbau sollte beginnen. Heute steht das Hotel noch immer leer und verfällt leider zusehends.

Das hat die alte Dame großer Gastlichkeit nicht verdient, und wir Leipziger auch nicht. Denn wer hat nicht einmal die Schwiegermutter zum Mittagessen dorthin geführt oder zu Pfingsten den Westbesuch zum Tanz? Und wer hat nicht dort mindestens eine Hochzeits- oder Jugendweihfeier erlebt? Es muss sich ja nicht wie bei mir als roter Faden durchs Leben ziehen – selbst den Abi-Ball hat meine Klasse 1976 im Astoria gefeiert – aber mit keinem anderen Hotel sind die Messestädter so verbunden.

An achtzig Jahre Gastlichkeit mit einem ganz eigenen Charme müsste man doch anknüpfen können. In den zahlreichen Gästebüchern zu blättern reicht aus, um das Flair dieses Hauses förmlich zu schnuppern.

Zwei Jahre lang wurden fünf Millionen Reichsmark verbaut, um am 5. Dezember 1915 „den größten und modernsten Hotelneubau Deutschlands mit dem letzten Komfort" zu eröffnen. Architekten waren die Dresdner William Lossow und Max Hans Kühne, die übrigens einen Tag zuvor der Gesamteröffnung des ebenfalls von ihnen entworfenen Hauptbahnhofes beiwohnen konnten (eine Teileröffnung war bereits im Mai 1912 erfolgt).

Unser Bahnhof ist jetzt ein Schmuckstück. Das Hotel Astoria muss da noch kräftig und hoffentlich recht bald nachholen.

Martina Güldemann

Das moderne Astoria am Hauptbahnhof. Ansichtskarte von 1925.

Der „Genius der Menschheit“

Für jüngere Leute ist es heute unvorstellbar, welch einen wahnwitzigen Kult es zu Beginn der fünfziger Jahre um die Person des sowjetischen Diktators Stalin gegeben hat. Der Titel unserer Geschichte ist einer der bizarren Superlative, welche die SED, die Sozialistische Einheitspartei der jungen DDR, dem *„Generalissimus“* beigelegt hatte. Stalin war ebenso der größte Politiker, wie Feldherr und Publizist aller Zeiten. Während es auf Politiker- und Feldherrenebene wohl nichts Vergleichbares gab, kamen, literarisch gesehen, nach ihm immerhin noch in dieser Wertigkeit Lenin und die Klassiker Marx und Engels.

„Auf Anregung des Genossen Walter Ulbricht“ war im Jahre 1952 ein Stalin-Monument zu schaffen und in Ulbrichts Geburtsstadt Leipzig aufzustellen. Es wurde dann ein fünf Meter hoher Bronzekoloss. Wenn sonst auch Buntmetall gesuchte Mangelware gewesen ist, für den „größten Freund des deutschen Volkes“ war nichts zu teuer. Auf dem Karl-Marx- (heute wieder Augustus-) Platz fand es seine Aufstellung. Die feierliche Enthüllung erfolgte an Stalins letztem, seinem 73. Geburtstag, am 21. Dezember 1952. „Leipziger, heraus zum Festakt zu Ehren des großen Stalin!“, hieß der Leitartikel der Leipziger Volkszeitung.

DDR-Briefmarken 1953/1954. Links der Moskauer Kreml und Köpfe der „Klassiker“. Rechts: Ausgabe zum Tod des sowjetischen Diktators.

Das Monument des „Großen Führers aller Völker“ einige Tage nach Stalins Tod. Zu seinen Füßen ein wahres Meer von Blumen.

An meiner Schule durften die besten Schüler an dieser Feierlichkeit teilnehmen. Ich gehörte zu meinem großen Bedauern nicht dazu ... Die glücklichen Auserwählten konnten mit am Denkmal vorbei defilieren und sich „in Ehrfurcht verneigen“. Das Verneigen und die „Ehrfurcht“ wurden auf dem Schulhof geübt! Auf einem großen runden Tisch war zu diesem Zweck eine Stalinbüste aufgestellt worden. Die Lächerlichkeit ist mir als

Kind in keiner Weise bewusst geworden. Wehe aber dem Erwachsenen, der es gewagt hätte, darüber zu lachen! Das wäre ihm sehr schlecht bekommen ... Stalin starb wenige Monate nach diesem Geburtstag, im März 1953. Sein Denkmal war mit Blumen überhäuft und „Ehrenwachen“ lösten sich ständig ab. Der „größte Sohn der Menschheit“ war nicht mehr. Schweigeminuten in der ganzen DDR. Unsere Russischlehrerin weinte vor der versammelten Klasse. Und ich dachte: „Oh Gott, was soll denn nun bloß werden ...“

Stalins Denkmal wurde im November 1955 demontiert. Der Grund war der Bau des Opernhauses. Das Denkmal sollte restauriert werden und an der Stalin-Allee (heute Jahnallee) seinen endgültigen Platz finden. Dazu ist es nie gekommen.

Im Jahr 1956 verurteilte der XX. Parteitag der KPdSU den Personenkult um Stalin. Die DDR-Führung war verunsichert und wartete ab. 1961 legte der XXII. Parteitag – zumindest teilweise – Stalins Verbrechen offen. Nach diesem Signal aus Moskau ist das Leipziger Stalindenkmal (je ein weiteres hat es in Ostberlin und in Riesa gegeben) kommentarlos und klammheimlich im Frühjahr 1962 eingeschmolzen worden.

Otto Künnemann

Der Felsenkeller – ein Trauerspiel

Du fährst bis zum Felsenkeller und dann nach rechts." – „Nein, das ist noch weiter, noch hinterm Felsenkeller." Eine feste, nicht mehr wegzudenkende Größe bei der Wegbeschreibung im westlichen Leipzig ist auch heute noch der Felsenkeller.

Der im Jahre 1842 eröffnete bzw. in Betrieb gestellte alte Plagwitzer Felsenkeller.

Aber nicht nur das. Viele Leipziger verbinden damit Tanz, Geselligkeit und Gastronomie. Einen Walzer mit dem Abteilungsleiter zur Frauentagsfeier, den Doppelkorn anlässlich der Auszeichnung zur „Sozialistischen Brigade", eine feine 2-Mark-Zigarre aus dem Glasröhrchen zur Kleingärtner-Jahres-Hauptversammlung. Ein Treffpunkt, der einfach zum Leipziger Leben gehörte. In den neunziger Jahren folgten Leerstand, Möbelverkauf, Teppichangebote. Stimmt's, Sie zuckten auch zusammen, wenn Sie das Treiben in und an dem alt-ehrwürdigen Gemäuer in den letzten Jahren beobachteten. Schade drum, denn diese Großgaststätte in Plagwitz hatte eine über 150-jährige gastronomische Tradition.

Um 1830 begann der Braumeister Carl Wilhelm Naumann damit, anstelle des üblichen obergärigen Bieres auch in Leipzig ein gehaltvolleres untergäriges Lagerbier nach bayerischer Art herzustellen. Der Absatz war gut, und der Brauer dachte daran, für die sachgemäße Lagerung des Gerstensaftes ein geräumiges Kellergewölbe zu bauen. Er konnte ein Grundstück nahe der Brauerei im Dorfe Plagwitz erwerben, dessen hügliges Gelände sich zum Einbau eines Erdbunkers, eines so genannten *Felsenkellers* (klingt romantischer!) eignete. 1842 wurde das erste Bier eingelagert und zwei Jahre später oben drauf ein „stattliches Etablissement" errichtet. Ringsum pflanzte man Kastanien. Der neue Restaurationssaal hatte die stilvollen Maße eines antiken Tempels, und von der Terrasse genoss man den Blick über die weite Elsteraue auf die Türme der großen Stadt Leipzig. Das Etablissement wurde sofort angenommen.

Die Frankaturseite der über hundert Jahre alten Ansichtskarte mit schönen Plagwitz-Vorortstempeln.

Als Gastwirtschaft, manchmal auch als Schauplatz eines Sommertheaters und sensationeller Ballonaufstiege, gehörte der alte Felsenkeller bis in die achtziger Jahre des 19. Jahrhunderts zu den beliebtesten Ausflugszielen der Leipziger.

Inzwischen war Leipzig zur Großstadt geworden. 1891 wurde Plagwitz eingemeindet. Und der nun keineswegs mehr dörfliche Vorort konnte mit einem neuen, großartigen Felsenkeller aufwarten, eröffnet im Jahr 1890 als „Konzert- und Ballhaus“. Die in Leipzig mehrfach bewährten Architekten Schmidt und Johlige hatten

Etablissement Felsenkeller, 1904, mit dem berühmten Festsaal.

einen imposanten Bau mit Barockelementen geschaffen. Im Keller baute man eine großzügige Küche nach den modernsten Gesichtspunkten ein. Glanzstück des Etablissements aber war der große Festsaal. Zu dem Restaurant gehörten außerdem ein Bier- und Konzertgarten sowie ein Kinderspielplatz.

Es ist bedauerlich, dass wir dieses frühere Kleinod der Leipziger Gastronomie heute nur noch als feste Größe zum Zweck der Wegbeschreibung an unserem Leben teilhaben lassen können.

Martina Güldemann

Der Schulausflug

Wenn man den Schulbesuch unserer Kinder in heutiger Zeit verfolgt, dann drängt sich zwangsläufig die Erkenntnis auf, dass das Hauptfach *Ausfall* heißt.

Natürlich zur Freude der mit eben diesem Fach reichlich bedachten Schüler. Das ist in meiner Schulzeit etwas anders gewesen. Ausfall war unbekannt. In der Lehrerschaft gab es „Springer“, wenn Not am Mann oder an der Frau war. Und hat wirklich einmal gar niemand zur Verfügung gestanden, so wurde „aufgeteilt“ und die Kinder mussten in fremden Klassen am Unterricht teilnehmen. So ist es verständlich, dass die Freude besonders groß war, wenn wirklich einmal keine Schule war und es hinaus ging zum Wandertag.

Die Ziele waren bescheiden. Mit einer kurzen Zugfahrt, meist aber nur mit der Straßenbahn, musste der Ausflugsort erreichbar sein. Das „Fresspaket“ gab die Mutter mit, ebenso das Fahrgeld, und sogar noch 20 Pfennige extra für eine köstliche Fassbrause oder die ebenso hoch geschätzte giftgrüne Waldmeister-Limo.

Ich erinnere mich aber auch an einen Ausflug ganz ohne Fahrgeld, wo es zu Fuß zum Napoleonstein und zum Völkerschlachtdenkmal ging. Etwa fünf Kilometer hin und die gleiche Strecke zurück, fast nur durch Straßen. Das war uns egal; Kinder sind damals flink auf den Beinen gewesen. Der Herr Geschichtslehrer erklärte am Napoleonstein: „Dort oben sehen wir den Hut des Kaisers und sein Fernrohr. Der hat hier am Nachmittag des 18. Oktober so schnell fliehen müssen, beides konnte er nicht mehr mitnehmen!“ Das beeindruckte mich tief.

Erst Jahre später habe ich erfahren, dass die Darstellung Unsinn war. In Wirklichkeit erfolgte in der Nacht vom 18. auf den 19. Oktober 1813 ein geordneter französischer Rückzug auf Leipzig.

Denkmal Napoleonstein, errichtet 1853 von einem Bürgerverein.

Nach dem beliebten Wandertag kam jedoch der von mir schon befürchtete Pferdefuß. Wir mussten einen Aufsatz über unsere Erlebnisse schreiben. Oh je ...

Wie immer saß ich erschüttert vor dem großen leeren Linienblatt, tauchte wohl zehn-, zwölfmal die Feder ins Tintenfass und strich sie wieder sehr sorgfältig ab. Seufzend legte ich dann los und formte einige kernige Sätze, etwa dieser Art: „Unser Wandertag hat mir sehr gut gefallen, weil unser Wandertag sehr schön gewesen ist“. Oder: „Unser Wandertag war auch sehr schön, weil auch sehr schönes Wetter gewesen ist“ usw. Dieses Mal fiel mir aber zu diesen wichtigen Beobachtungen noch etwas mehr ein. Und darauf war ich stolz. Zitat: „Außerdem haben wir Napoleon auf der Flucht gesehen.“ Genüsslich verlas die Deutschlehrerin diesen Satz vor der johlenden Klasse ...

Otto Künnemann

Ein Schlangenraub

Eine meiner Leidenschaften als mehr oder eher weniger strebsamer Knabe waren Zoobesuche. Leipzigs Tierpark wurde bereits im Jahre 1878 gegründet und stellt somit eine sehr frühe zoologische Anlage dar. Nach dem Gründer Ernst Pinkert hatte Leipzigs Zoo weitere gute und fähige Direktoren. In meiner Kindheit ist das der beliebte und stadtbekannte Max Schneider gewesen. Große Verdienste erwarb sich der Tierpark in der Löwenzucht. Mehr als 2000 dieser Großkatzen haben an der Pleiße das Licht der Welt erblickt und wurden in alle Erdteile exportiert, kurioserweise selbst nach Afrika. Etwa zwei Dutzend Löwen waren früher wohl immer zu sehen. Der zugegeben mitunter recht penetrante Geruch im alten Raubtierhaus bei den Hyänen und im größeren, neuen Haus bei den Löwen und Leoparden störte mich in keiner Weise.

Ohne ein Problem, das es leider gab, wäre ich am liebsten jeden Tag in den Zoo gegangen. Das Problem war für mich der Eintritt. Aus heutiger Sicht geradezu lächerliche 50 Pfennige, heute 25 Cent, waren zu entrichten. Aber auch das konnte ich oft nicht aufbringen. Oder ich wollte es nicht. Zweimal 10 Pfennige Straßenbahn kamen hinzu. Etwaiges Schwarzfahren war ausgeschlossen. „Noch jemand ohne!?" – dem aufmerksamen Schaffner entging kein Fahrgast. Und eine zweite große Verlockung gab es ja auch noch, das war das Kino. Die Kindervorstellung kostete nur die Hälfte vom Zoo, bescheidene 25 Pfennige. Also zweimal Kino oder einmal Zoo? Da war eine schwere Entscheidung zu fällen.

Als ich etwas größer war, so zehn oder elf, fand ich die Lösung: Zoobesuch ohne Eintritt! Auf der Seite zum Rosental gab es zwar einen recht hohen Zaun, aber der stellte dann für mich kein ernstes Hindernis mehr dar. Erst einmal überwunden, war ich jedoch noch nicht am Ziel meiner Wünsche. Jetzt war die Angst vor einem eventuell kontrollierenden Angestellten da. Und erst, wenn ich endlich eine weggeworfene Kinderkarte gefunden hatte, konnte ich mich entspannt ganz meinen Tierbeobachtungen hingeben.

Sicher eine Stunde oder länger hielt ich mich an einem heute nicht mehr existierenden großen *Freiluft-Terrarium* auf. Das war gleich rechts hinter dem Freigelände des Dickhäuterhauses, mit dem imponierenden „Elefantenbad".

Am „Elefantenbad" vorbei, dann ging's rechts zum Terrarium.

Ein bis zwei Meter unterhalb der Brüstung des Terrariums tummelte sich in naturnaher Umgebung „alles, was da kreucht und fleucht". Dort war ein Frosch, da sonnte sich eine Eidechse, eine Blindschleiche verschwand unter einem Stein und behäbig bewegte sich eine Erdkröte durch das Laub.

An den glatten Wänden konnten die Tiere nicht nach oben, versuchten das vielleicht auch gar nicht. Bis auf einmal ... Ein Ferientag, ein kühler Sommermorgen im

Zoo. Zu meinem Entzücken sah ich, unmittelbar beim Terrarium, aber außerhalb, eine Ringelnatter.

Die Schlange musste ich haben!

Was hätte ich jetzt für einen Stoffbeutel gegeben ... Es musste auch so gehen. Zwei Knöpfe auf und das fast steife, nächtlich kühle Tier kam in mein Hemd. So rasch hatte ich noch keinen Zoobesuch beendet. Klopfenden Herzens, doch glücklich am Kassenhäuschen vorbei und zur Haltestelle. Da kam auch schon die Straßenbahn, Linie „20“ nach Anger-Crottendorf.

Bedingt durch meine Körperwärme hatte die Ringelnatter aber schon bald genügend Energie getankt, um kräftig zu versuchen, sich aus ihrer engen Lage zu befreien. Bald musste ich mir den Kragen, bald einen Ärmel zuhalten, und einmal kam ihr Kopf zwischen den Knöpfen meines Hemdes zum Vorschein. Voller Angst malte ich mir das Entsetzen aus, wenn vielleicht eine ängstliche Dame in der Bahn die sich aus meinem Hemd windende Schlange entdecken würde ... Es ging zum Glück alles gut.

Wie es endete, das Schlangenabenteuer? Natürlich erzählte ich, die Schlange im nahe gelegenen Stünzer Park gefangen zu haben. Aber zu meinem Kummer gab es keine elterliche Genehmigung zum Behalten des Tieres. Noch am gleichen Abend ging es an Vaters Hand in den besagten Park, und dort musste ich meine Ringelnatter an derselben Stelle freilassen, wo ich sie (nie) gefangen hatte.

Otto Künnemann

Ein Forsthaus ohne Förster

Golden glänzt er nun wieder, der *Hirschkopf* am holzübergiebelten Fachwerkbau. Für Generationen von Leipzigern ist Raschwitz das Ausflugs-Nonplusultra gewesen. Die Älteren – ich zähle mich einfach mal dazu – bekommen noch heute glänzende Augen, wenn sie an das Forsthaus in Markkleeberg-West denken. Der erste Tanz, der erste Kuss und dann später die Ausflüge mit den Kindern ...

Hier gab es einfach alles: eine Bar, einen Tanzsaal, ein Gartenlokal. Unter den großen Bäumen schmeckten Bier, Limonade und die Bockwurst noch einmal so gut, wurden Kaffee und Kuchen nicht nur an der frischen Luft, sondern auch noch mit beschwingten Melodien im Ohr genossen – Leben wie Gott in Raschwitz eben. So

Das Forsthaus 1913, mit der „Stern-Bahn" der LAAG (Leipziger- Außenbahn-AG), die von Gautzsch zum Leipziger Roßplatz fuhr.

ungefähr muss sich das der Gastwirt Gempe vor über 100 Jahren vorgestellt haben, als er am südlichen Waldrevier „Gautzscher Spitze“ im Jahre 1898 das Forsthaus erbauen ließ. Er ließ damit den guten Ruf des gastfreundlichen Raschwitz wieder aufleben, denn bereits im 18. Jahrhundert war dessen Gutshaus ein beliebtes Ausflugsziel. Später, in der ersten Hälfte des 19. Jahrhunderts, traf sich dort die *„vornehme Welt“* des biedermeierlichen Leipzig. Hier fuhren die Betuchten in der Equipage oder im Schlitten vor. Hier waren ärmlich gekleidete Fußgänger unerwünscht. Hier musste man für den Wein und den Teller mit kaltem Braten stattliche vier Taler zahlen.

Schöner historischer Poststempel aus dem Jahre 1907. Die Dörfer Oetzsch und Gautzsch waren bereits vereint. Zu Gautzsch gehörte auch das kleine Raschwitz. Durch weitere Zusammenschlüsse mit Markkleeberg, Zöbigker, Großstädteln, Prödel und Cospuden entstand bis 1937 die Stadt Markkleeberg.

Die Geschichte von Raschwitz ist jedoch viel älter und geht bis ins 15. Jahrhundert zurück. 1475 ging das kleine Dörfchen in den Besitz der Stadt Leipzig über. Umgeben war es von wildem, dichtem Wald, in dem noch Wölfe hausten. Der Revierort „Wolfswinkel“ erinnert daran. In der Verkaufsurkunde spricht der Ritter Hans von Maltitz davon, dass er „das dorff und vorwercke Raschewitz mit holcze, eckern, wessen, fischereyen, gerichten, rechten und allen zcugehorungen der gantzen gemeynen zcu Lipczk“ übergeben hat.

Es war das erste Gut, das der Leipziger Rat in eigene Bewirtschaftung nahm. Die Aufsicht über die ansehnlichen Gutsgebäude hatte ein Vogt, der auch verpflichtet war, die an den großen Wiesen eingerichtete Stuterei und die ausgedehnten Wälder zu betreuen. Fast das gesamte Bauholz der Stadt kam anfangs aus Raschwitz, was natürlich Geld in die Ratskassen brachte. Deshalb war der Vogt höchstpersönlich für den Holzschlag verantwortlich und wurde aus diesem Grund im Volksmund auch der Förster genannt. Das Forsthaus selbst war allerdings zu keiner Zeit Sitz eines richtigen Försters.

Mindestens ebenso interessant ist die neueste Geschichte: Nach siebenjähriger kostenintensiver Sanierung wurde das gastliche Haus im Oktober 1997 eröffnet, dann wieder geschlossen, wieder eröffnet ... Aber ich gebe die Hoffnung nicht auf, dass meine Tochter auch mal glänzende Augen bei der Erinnerung an das Forsthaus Raschwitz bekommt. Sie wissen schon, der erste Tanz, der erste Kuss ...

Martina Güldemann

Blick auf das Forsthaus mit dem Tanzsaal, Ansichtskarte von 1907.

Die „Mutter aller Messen“ – 800 Jahre!

800 Jahre Leipziger Messe – Für weltoffenen Handel und technischen Fortschritt“ lautete das Motto der Frühjahrsmesse 1965. Ich erinnere mich bloß noch, dass wir Messegäste aus Bremen hatten, die am Ende ihres Aufenthalts enorme Mengen Schokolade bei uns ließen.

Diese Messe war wirklich eine herausragende, mit dem Feiern wurde es jedoch schwierig, denn der Oberbürgermeister gab Katastrophenalarm! Ich erinnere mich bloß noch, dass ich begeistert mit meinem Bruder riesige Schnee-Iglus gebaut habe. Sicher verzeiht man mir, ich war acht. Aber der Reihe nach.

1965 war ein ganz besonderes Jahr für Leipzig. Man hatte es zum Doppel-Jubiläumsjahr erklärt: 800 Jahre Stadtrecht, 800 Jahre Jahrmärkte/Messen in Leipzig.

Die Frühjahrsmesse fand vom 28. Februar bis zum 9. März statt, 10 450 Aussteller aus 75 Staaten und 735 000 Gäste aus 94 Ländern kamen zu uns. Damit hatte die Stadt mehr Gäste als Einwohner, und Leipzigs „Messemuttis“ waren mit ihrem Angebot an Privatquartieren gefordert. Mit Bravour meisterten sie die Aufgabe, und wie von Messe zu Messe gewohnt, bekam auch dieses Mal jeder Gast wieder seine Unterkunft. Deshalb gehörte auch ihnen ein Stück des Ehrentitels, den die Union des Foires Internationales, die internationale Messeorganisation, unserer Stadt verlieh: *„Mutter aller internationaler Messen"*.

Neben dieser Ehre kam aber in den ersten Märztagen noch etwas anderes auf uns zu: eine Unmenge von Schnee! Man schätzte, dass mehr als 20 Millionen Kubikmeter auf Leipzig niedergegangen sind. Armee, Polizei und die Leipziger schippten, was das Zeug hielt und retteten so die Jubiläumsmesse.

Mein Mitautor erzählte mir, er schaufelte mit seinen Arbeitskollegen auf der Technischen Messe mehrere bundesdeutsche Stände frei. Morgens gegen acht Uhr ging es los. Am Nachmittag um drei waren alle Wege wieder passierbar, die Türen konnte man wieder öffnen und schließen. Und von denen, die „vom Eise befreit" waren, gab's leckere Belohnungen, überall und reichlich: Sarotti-Schokolade und Lachsbrötchen, HB-Zigaretten und Westkaffee, „Johnnie Walker" und „Asbach-Uralt".

Beliebt über ein halbes Jahrhundert bei Philatelisten und Besuchern: Messesondermarken.

Die erste Messemarke (1940).

„Messegold" zur Jubiläumsmesse (1965).

Die letzte Messemarke (1990).

Mit dem Kauf eines Messeausweises erwarb der Besucher auch als Anstekker das Messeabzeichen, das ihn als „Messeonkel“ auswies.

Im Herbst kam dann das zweite Jubiläum, die 800-Jahr-Feier der Stadtgründung, die mit über 500 Veranstaltungen vom 25. September bis zum 7. Oktober begangen wurde. Und nochmals das Menschengewusel in der Stadt. Zum zweiten Mal in diesem Jahr jenes „Kribbeln und Krabbeln“, das uns Leipzigern in Jahrhunderten nie zuviel geworden ist.

Höhepunkt war am 3. Oktober der sechs Kilometer lange historische Festumzug. Er dauerte über vier Stunden. 17 000 Leipziger stellten dabei die Geschichte ihrer Stadt dar, und Hunderttausende guckten zu. Ach ja, daran erinnere ich mich auch noch.

Martina Güldemann

Das zur Jubiläumsmesse 1965 und zum Fest der 800-jährigen Stadtgründung entworfene Symbol.

Was, Du kennst die Bodega nicht?

Ein besonderes Jubiläum ließ in den Mitteldeutschen Neuesten Nachrichten vom 11. September 1971 diese Notiz erscheinen: „Ihre 20. Messe erleben *Wolfgang Sanders und seine Frau Hannelore* in diesem Jahr hinter dem Bartresen der Weinprobierstube Bodega in der Messehofpassage. Das in seiner Art in Leipzig (und darüber hinaus) einzigartige Lokal hat sich in den zehn Jahren seines Bestehens viele Freunde erwerben können. Der Gast kann zwischen rund 20 Sorten Wein und Sekt wählen, bzw. auch diese oder jene scharfe Sache verlangen.

Der bekannte Schriftzug, im Original weinrot auf schwarzem Grund.

In das Gästebuch des kleinen wie intimen Treffpunktes haben sich Schlagerstars wie Bianca Cavallini und Rica Deus, Schauspieler Fred Delmare und alle Fußballer der BSG Chemie Leipzig sowie viele andere, darunter auch nicht wenige ausländische Besucher eingetragen." Soweit die „MNN".

Einer hatte es in dem genannten Buch auf den Punkt gebracht: „Du kennst die Bodega nicht? Unverzeihlich – eine solche gastronomische Bildungslücke!" Dieses intime gemütliche Unikum in der damals schon recht breit gefächerten Lokalitäten-Landschaft Leipzigs war richtig für den Wermut in der Mittagspause, den Gin-Tonic zwischen zwei Einkäufen oder den Schoppen „Stierblut" am Feierabend.

Wir begrüßen Sie in der
Tagesbar Bodega
und wünschen einen
angenehmen Aufenthalt.

Über 25 Jahre prägt
dieses Kleinod u. a.
die Messehofpassage.

Architekten und Gastronomen
haben die Einrichtung im
Jahre 1987 neu gestaltet
und bieten eine gute
Gaststättenkultur.

SPIRITUOSEN

		DM 4 cl
SU Wodka	40 %	3,20
Goldkrone	32 %	2,00
Feiner alter Wilthener	38 %	2,90
Griechischer Helios	40 %	2,90
SU Brandy***	40 %	3,60
Grand Chais Frankreich		3,90
Scotch High Country	43 %	3,70
Bourbon Old Kentucky	40 %	3,90
Bols Prinzenkirsch	25 %	2,30
Jägermeister	35 %	2,60

Aus der „historischen“, der letzten Bodega-Getränkekarte, 1991.

Unvergessen ist die „Bodega-Limonade“ (alkoholfrei, mit Früchten, die der DDR-Alltag nicht bieten konnte, wie z.B. Bananenscheibchen) oder auch Wolfgangs berühmte „Prärie-Auster“. Als kleiner Imbiss waren die beliebten Prager Würstchen zu haben. Das Brötchen wurde frisch aufgebacken.

Ganze 16 Barhocker gab es, doch was an Stehplätzen möglich gemacht wurde, war nicht zu zählen. Richtig, eine Toilette gab es nicht. Eine solche einzubauen war aus Platzgründen einfach unmöglich. Na und? Keinen der Stammgäste hat das je gestört. Man ging wenige Schritte in den Thüringer Hof oder ins Bachstübl. Das Personal wusste Bescheid – kein Problem.

Gut ist die Bodega für Gespräche aller Art gewesen. Mit Freunden oder Fremden ... Und zur Messe kam ein Stück der freien weiten Welt in diesen schmalen Schlauch mit dem ganz eigenen Charme.

Im Messehof über der kleinen Weinprobierstube trafen sich zweimal im Jahr Tausende Besucher zur Nahrungs- und Genussmittelmesse. Das Menschengewimmel, die *quetschende Enge* wurde jedoch übertroffen auf engstem Raum darunter: in der Bodega. Die ganz speziellen Messepreise – schon einige Tage vor Beginn der Messen zogen diese kräftig an – hat man seufzend in Kauf genommen. Die Preistreiberei wurde übrigens „von oben" verordnet. Den meisten Gastronomen ist diese Maßnahme gegenüber ihrem Leipziger Stammpublikum peinlich gewesen.

Das „Aus" kam im Jahr 1991. „Nach fünf Millionen Schoppen Wein – Bodega macht dicht", schrieb die BILD-Zeitung am 2. März diesen Jahres. Der Geschäftseigner, die „Gastronom-Service-GmbH", hatte anders disponiert. Das Ehepaar Sanders, dessen Lebensinhalt die Bodega in 30 Dienstjahren geworden war, unterbreitete noch ein Kaufangebot – vergebens. Ein kalter regnerischer Sonntag war der 3. März 1991 in Leipzig. Das traurige Wetter passte: zum letzten Mal in der Bodega! Die stadtbekannten rund 200 Fußballwimpel aus aller Welt waren schon von der Wand. Ein letztes Glas im Stehen ...

Nicht nur den Wirtsleuten, auch vielen Stammgästen standen die Tränen in den Augen.

Martina Güldemann / Otto Künnemann

„Die anderen Türen sind alle normal!“

Wochenende, Mutti zieht das taubenblaue Jackenkleid an, das für „Gut“. Dazu Schuhe, Handtasche und Hut in Steingrau. Klassisch grau ist auch der Anzug meines Vatis. Was ich anhabe oder mein Bruder, weiß ich leider nicht mehr. Aber das ist auch nicht wichtig.

Wichtig ist nur: Wir dürfen mit – mit zum Nachmittagstanz ins Ring-Café! Es gibt Kakao und Kuchen, für die Eltern Kaffee und Wein. Sie tanzen wie zwei Frischverliebte, und wir kichern wie zwei dumme Hühner. Das hab ich mir gemerkt, und dass meine Mutti immer den Hut aufbehielt und dass alles sehr beeindruckend und schön war und dass ich da so ungefähr sieben war und das Ring-Café auch. Im Januar 1956 wurde das damals größte und modernste Café der DDR eingeweiht. Das rosafarbene Tagescafé, die dunkelrote Mokkabar, das hellblaue Konzertcafé und die stimmungsvolle Bar mit den für diese Zeit unglaublichen Lichtreflexen boten 500 Gästen Platz. Die zweigeschossige Anordnung der Räume und die wunderschöne breitschwingende Freitreppe, die acht mit Antikglas verkleideten Säulen und die herrlichen Intarsienarbeiten auf den mit kaukasischem Nussbaum getäfelten Wänden – wer von den Älteren erinnert sich nicht gerne daran.

Die „Prärie-Oyster, gespritzt“ für 2,55 oder die „Braune Ochsenschwanzsuppe“ für eine Mark. Technisch war das Ring-Café auf dem neuesten Stand. So konnten z.B. die Fenster des Erdgeschosses durch einen einfachen Handgriff lautlos in den Keller versenkt werden, um so an schönen Sommertagen noch mehr Freisitzfläche zu bekommen bzw. gleich aus dem Café auf die Terrasse zu gelangen.

Die aufsehenerregendste Neuerung aber wurde vom „Sächsischen Tageblatt“ am 13. Januar 1956 wie folgt geschildert: „Wundern Sie sich bitte nicht, wenn sich die Tür zur Küche, durch die das Bedienungspersonal ein- und ausgeht, von selbst öffnet und schließt. Durch eine eingebaute Fotozelle wird ein geheimnisvoller Mechanismus in Bewegung gesetzt. Keine Angst, die anderen Türen sind alle *normal!*“

Martina Güldemann

Der Freisitz vor dem Ringcafé, beliebt und vor allem bei schönem Wetter am Sonntagnachmittag lebhaft besucht. Blick zu dem aus jeder Perspektive beeindruckenden Neuen Rathaus.

Ein Kinderwagenkauf

Ein guter Bekannter, ein ehemaliger Arbeitskollege, erzählte mir folgende kleine Geschichte, die so nur in der DDR passieren konnte.

Glücklicher Vater war er in den frühen achtziger Jahren geworden, Mutter und Töchterchen wohlauf. Der Kinderwagen wurde erst gekauft, nachdem der kleine Erdenbürger das Licht der Welt bereits erblickt hatte, da man zuvor das Geschlecht des Babys nicht kannte. In zwei Tagen konnte er Frau und Kind aus der Bethanienklinik holen, mit nagelneuem rosa Kinderwagen. In der Großen Fleischergasse befand sich damals der ZEKIWA-Laden, Zeitzer Kinderwagen, erstes Haus am Platze. Der frischgebackene Vater stand etwa 20 Minuten nach 9 Uhr vor der Ladentür: Verschlossen! Ärgerlich – man öffnete erst zehn Uhr. Also warten, auf und ab gehen, ein bißchen nach links und rechts schauen und hoffen, dass die Zeit rasch vergeht ...

Nicht gerade billig, aber formschön und zweckmäßig. Eines der beliebten ZEKIWA-Fahrzeuge im praktischen Einsatz.

„Was machen sie hier?“ Plötzlich standen zwei energisch wirkende junge Männer vor ihm.

„Na, warten, was denn sonst, was geht‘n euch das an!?“

„Kriminalpolizei." Ausweise wurden gezückt.

„Also, ich warte hier, bis der Laden aufmacht und ich für meine Tochter einen Kinderwagen kaufen kann".

„Ihren Ausweis, Bürger ... aha – das ist ja interessant, sie haben gar keine Tochter!" (Zur Erklärung: Im Personalausweis der DDR waren die Kinder eingetragen). „Meine Tochter ist zwei Tage alt und kann beim besten Willen noch nicht da drin stehen".

„Ja, ja, natürlich, das können sie uns dann alles ausführlich erzählen, kommen sie mit!" Weit hatte man nicht zu gehen, nur zum Gebäude gegenüber.

Dieses ZEKIWA-vis-à-vis aber war die Bezirkszentrale des Ministeriums für Staatssicherheit. Ein Erweiterungsbau zur „Runden Ecke", wie das im Volksmund hieß, auch bekannt unter „VEB Horch & Guck".

Die diensthabenden Genossen hatten das Auf- und Abgehen des jungen Mannes und möglicherweise sogar verstohlene Blicke auf ihr streng geheimes Domizil wohl bemerkt! Die Stasi gab sich übrigens niemals als solche aus, sondern stets als „Kriminalpolizei". So ist gleich das erste Wort eine Lüge gewesen. Über zwei Stunden dauerten Vernehmung und Recherchen, dann ließ man den Bürger, der sich verdächtig gemacht hatte, gehen. Der erwählte Kinderwagen war zum Glück noch da.

Zehn Jahre später fand mein Kollege in seinen Stasi-Akten den entsprechenden Eintrag zu diesem Vorfall. Mit Datum, Uhrzeit und mehreren Fotos von ihm auf der Straße, von denen er nichts bemerkt hatte. Unterschrift zu den Bildern: *Besagter M., der unter Angabe fadenscheiniger Gründe bei Observierung der Bezirkszentrale MfS beobachtet wurde.*

Otto Künnemann

Weitere Bücher aus dem Wartberg Verlag für Ihre Region

Zeitkino – Letzte Reihe. Geschichten und Anekdoten aus dem alten Leipzig. Band 2
von Martina Güldemann
und Otto Künnemann
80 S., geb. zahlr. S/w-Fotos,
(ISBN 3-8313-1523-X)

Und dienstags auf zum Wechselball – Geschichten und Anekdoten aus dem alten Leipzig. Band 3
von Martina Güldemann und
Otto Künnemann
80 S., geb., zahlr. S/w-Fotos,
(ISBN 978-3-8313-1640-3)

Zum Zoo – gleich rechts! Geschichten und Anekdoten aus dem alten Leipzig. Band 4
von Martina Güldemann und
Otto Künnemann
80 S., geb., zahlr. S/w-Fotos,
(ISBN 978-3-8313-1822-3)

Auf Mark(t) und Pfennig – Geschichten und Anekdoten aus dem alten Leipzig. Band 5
von Martina Güldemann und
Otto Künnemann
80 S., geb., zahlr. S/w-Fotos,
(ISBN 978-3-8313-2063-9)

Aufgewachsen in Leipzig
in den 40er und 50er Jahren
von Petra Mewes und
Reinhard Rössler
64 Seiten, gebunden ,
zahlr. Farb- und S/w-Fotos,
(ISBN 978-3-8313-1878-0)

Aufgewachsen in Leipzig
in den 60er und 70er Jahren
von Martina Güldemann
64 Seiten, gebunden,
zahlr. Farb- und S/w-Fotos,
(ISBN 978-3-8313-1879-7)

Aufgewachsen in Leipzig
in den 80er und 90er Jahren
von Iris und Katrin Arnold
und Martina Güldemann
64 Seiten, gebunden,
zahlr. Farb- und S/w-Fotos,
(ISBN 978-3-8313-1996-1)

Wartberg Verlag GmbH & Co. KG
Bücher für Deutschlands Städte und Regionen
Im Wiesental 1 · 34281 Gudensberg-Gleichen · Telefon (0 56 03) 9 30 50
Fax (0 56 03) 93 05 28 · www.wartberg-verlag.de